STEP by STEP
# 영순아! 놀자

Be동사와 함께 편

이병각 지음

# 머리말

## I

 우리나라 5000년 역사에서 세계적으로 가장 성공한 분이 누구일까요?
 생각하기에 따라 다를 수 있겠지만 저는 반기문 유엔 사무총장님이라고 생각합니다.
 세계의 지도자들을 설득하는 그 분의 영어는 미국의 오바마 대통령처럼 능숙한 발음은 아닐지라도 정확한 문장 어순구조와 적절한 영어 표현 구사력이 세계인을 이끌어 가는 탁월하고도 강력한 무기임을 알 수 있습니다.
 그렇지만 우리는 미국인처럼 유창한 영어를 구사해야 한다는 강박관념에 너무 얽매여 있는 사람이 많습니다.
 꼭 그렇게 해야 한다면 미국에서 태어나던가 미국에서 어릴 때부터 적어도 20년 이상 학교에 다니면서 생활하면 가능해 질 수도 있습니다.
 그러나 현실적으로 한국에 살면서 유창한 영어 구사는 사실 매우 어렵습니다.
 우선, 영어문장구조의 어순을 꾸준히 익히면서 올바른 발음으로 훈련하여 외국인과 10분, 30분 혹은 그 이상의 대화를 연결할 수 있음이 1차적 목표이며 그 이후 계속 많은 노력을 기울여 더 훌륭한 영어가 가능해지면 대성공이 될 것입니다.

## II

 외국인들이 한국에서 체류한지 얼마 안 되어도 간단한 우리말을 이어가는 것을 보고 우리는 놀랍니다.
 그런데 우리는 십년이 넘도록 영어공부를 했지만 영어로 자유로운 의사소통

이 어렵다는 것을 다 알고 있는 현실입니다.

왜 그럴까요?

외국인의 지능지수(I.Q)가 더 높아서 일까요? 아니면 그들이 더 노력하기 때문일까요?

아닙니다.

우리말은 단어를 앞·뒤로 바꿔 사용해도 내용전달에 무리가 없기 때문입니다.

다음 문장은 자연스러운 우리말의 어순입니다.

**1. 나는  어제  그녀와 함께  중국식당에서  자장면을  먹었어.**
  ①    ②     ③        ④        ⑤      ⑥

그러나 아래의 두 문장처럼 어순을 바꾸어 말할 수도 있죠.

**2. 어제  중국식당에서  그녀와 함께  나는  자장면을  먹었어.**
  ②      ④         ③      ①    ⑤     ⑥

**3. 그녀와 함께  나는  먹었어  중국식당에서  자장면을  어제.**
    ③       ①    ⑥       ④        ⑤    ②

이렇게 우리말은 단어의 순서를 바꾸어 말해도 내용이 잘 전달되는 고마운 언어입니다.

그러나, 위의 내용을 영어로 말한다면 우리말처럼 단어의 순서를 앞·뒤로 바꿀 수 없으며 영어의 문장에는 일정하게 쓰이는 어순이 있습니다.

영어는 우리말과 거의 반대인 대개 다음과 같은 어순으로 주로 말합니다.

**1. 나는  먹었어  자장면을  그녀와 함께  중국식당에서  어제.**
    ①    ⑥     ⑤       ③         ④       ②

지금까지 우리는 영어문장의 어순과 거의 반대인 우리말로 해석하는 종래의 습관으로 공부해온 결과, 막상 영어를 말하고, 읽고, 쓰고, 들을 때 그 순서가 헷갈려 멘붕상태가 되어 순간적으로 문장을 바로 표현할 수 없게 되었습니다.
  지금도 대부분 영어문장을 거꾸로 해석하며 공부하고 있는 실정입니다.

  처음부터 미국인이 말하는 위와같은 영어의 어순(영순)으로 익히면 영어다운 구사가 쉬어지지만 그 어순과는 관계없이 그냥 우리말 순서에 맞혀 영어단어를 넣어 말하게 되면 영어순서완 딴판인 바로 콩글리쉬(한국식 영어)가 되고 맙니다.
  더구나 발음조차도 한국식으로 개발(?)하여 발음하니 그야말로 「영어가 객지에 와서 고생이 이만저만」이 아닙니다.
  이제부터 이책에서는 모든문장을 아주 쉬운 첫 문장부터 미국인들이 말하는 어순(영순)대로 익히는 훈련을 계속하게하여 영어를 자연스럽고 쉽게 구사할 수 있도록 하는데 목적을 두고 저술되었습니다.
  30년 넘게 영어와 함께 살며, 또 영어 교육현장에서 이런 영어공부의 잘못된 습관을 지도해오며 그동안 집약하여 정리한 새 개념의 기초 영어 지도책 〈STEP BY STEP 영순아 놀자〉를 발간하게 되었습니다.

  아무쪼록 초·중·고 및 대학생, 성인에 이르기까지 영어공부하려는 모든이들이 영어다운 영어를 미국인처럼 쉽게 즉흥적으로 구사할 수 있는 유익한 계기가 될수 있도록 본 교재가 그 디딤돌의 역할이 되기를 기대해 봅니다.

  끝으로 본 교재의 발간에 다각도의 흥미와 지원을 아끼지 않으신 야스 미디어 허복만 사장님에게 깊은 감사를 드립니다.

2014. 8. 15

이병광<br>(James · BK Lee)

## 이 책의 활용방법 . . .

### 기본어휘 챙기기

한 단원에 등장하는 단어들을 먼저 익힙니다. 각 단어는 처음에 [발음기호]를 보고 읽는 습관을 기릅니다. 단어나 문장 아래 위에 한글로 발음의 토를 달아주는 영어책들이 있는데 한글을 보고 발음하는 습관이 되면 정작 영어문장을 보고 읽지 못하게 되어 발음의 방해요소가 되므로 이 책에서는 15단원 까지만 발음의 우리말 표시를 했으며 그 이후부터 모든 단어는 가급적 발음기호를 보고 발음하는 연습을 해야 합니다.

한 단원의 새로운 영어표현이 무엇인가를 미리 확인하기 위해 매 단원, 첫 장에 핵심내용에 대한 몇 문장을 예시해 두었으므로 배우는 이의 현재 수준을 미리 가늠해 볼 수 있는 기회가 될 것입니다.

### STEP I 영순 – 기본문형 이해하기

한 단원의 핵심내용의 이해를 돕기 위해 강의식으로 최대 쉽고 자세하게 설명해놓았습니다. 한편, 문법적 용어는 꼭 필요한 경우를 제외하고 가급적 피했습니다.

특히, 영어의 순서대로의 우리말 표시 훈련이므로 처음엔 다소 어색할 수도 있지만 계속하면 영어의 순서(영순)에 습관화되어 영어의 네 가지 기능 – 말하기, 읽기, 쓰기, 듣기가 나중에 자연스러워집니다.

▶ 표시는 한 단원의 본 설명으로 들어가기 전 예비지식을 전달함이며
▶▶ 표시는 한 단원의 주요내용을 설명한다는 의미입니다.

## ✌ STEP Ⅱ  영순 - 기본문형 정리하기

한 단원에서 공부한 기본표현의 골격을 간략하게 정리해 두었으므로 소리 내어 반복, 익혀보세요.

## 👌 STEP Ⅲ  영순 - 우리말 영순 감각 익히기

우리말을 영어로 빨리 표현하기 위하여 영어의 어순(영순)을 익혀야 합니다. 우리말과 영순의 차이를 비교하면서 영순의 감각을 눈, 머리, 입으로 익혀 영어를 쉽고 자연스럽게 구사할 수 있게 하는 훈련과정입니다.

## ✋ STEP Ⅳ  영순 - 기본문형 더 익히기

STEP Ⅰ-기본문형 이해하기의 여러 사항설명을 바탕으로 다각도의 유사문장을 확대 발전시켜 영순의 순서로 영어문장에 익숙해지도록 보강 훈련하도록 하였습니다.

특히 영어의 어순(영순)의 훈련을 기초수준부터 꾸준히 익혀두면 중·고교, 대학 및 전문서적 등 고급영어 숙달에 좋은 초석이 될 것입니다.

# Contents

**CHAPTER**
- ONE    I am a student | 10
- TWO    I am not a singer | 18
- Be 동사와 함께 간단한 회화 3마디(1) | 25
- THREE    Are you a teacher? | 26
- Be 동사와 함께 간단한 회화 3마디(2) | 33
- FOUR    Are you a chef? | 34
- FIVE    I am happy | 44

**CHAPTER**
- SIX    Hi! Good morning! | 50
- Be 동사와 함께 간단한 회화 3마디(3) | 57
- SEVEN    I am in Seoul | 58
- Be 동사와 함께 간단한 회화 3마디(4) | 65
- EIGHT    I'm at school | 66
- NINE    You and I are honest | 74
- TEN    This is a book | 80
- Be 동사와 함께 간단한 회화 3마디(5) | 87

**CHAPTER**
- ELEVEN    Is this a dictionary? | 88
- TWELVE    This car is expensive | 96
- Be 동사와 함께 간단한 회화 3마디(6) | 103
- THIRTEEN    She's my daughter | 104
- Be 동사와 함께 간단한 회화 3마디(7) | 111
- FOURTEEN    My father's jab is a taxi-driver | 112
- FIFTEEN    Who are you? | 118
- Be 동사와 함께 간단한 회화 3마디(8) | 125

**CHAPTER**
- SIXTEEN    I'm a teacher | 126
- Be 동사와 함께 간단한 회화 3마디(9) | 133
- SEVENTEEN    He's my friend | 134
- EIGHTEEN    This is a wolf | 142
- NINETEEN    These are books | 150
- Be 동사와 함께 간단한 회화 3마디(10) | 157

TWENTY    Are you a teacher or doctor? | 158

CHAPTER    TWENTY-ONE    There is a book on the desk | 164
Be 동사와 함께 간단한 회화 3마디(11) | 171
TWENTY-TWO
There are many cars on the street | 172
Be 동사와 함께 간단한 회화 3마디(12) | 179
TWENTY-THREE    Is there a book on the desk? | 180
Be 동사와 함께 간단한 회화 3마디(13) | 189
TWENTY-FOUR
   How many books are there in the library? | 190
Be 동사와 함께 간단한 회화 3마디(14) | 197
TWENTY-FIVE    Here is a cute puppy | 198

CHAPTER    TWENTY-SIX    How old are you? | 206
TWENTY-SEVEN    I'm from seoul | 214
Be 동사와 함께 간단한 회화 3마디(15) | 221
TWENTY-EIGHT    This camera is mine | 222
TWENTY-NINE    That's my father's wallet | 230
THIRTY    What time is it now? | 238
Be 동사와 함께 간단한 회화 3마디(16) | 247

CHAPTER    THIRTY-ONE    What day is today? | 248
THIRTY-TWO    What's the date today? | 256
Be 동사와 함께 간단한 회화 3마디(17) | 265
THIRTY-THREE    How's the weather today? | 266
Be 동사와 함께 간단한 회화 3마디(18) | 275
THIRTY-FOUR    What's you favorite season? | 276
THIRTY-FIVE    I was happy when young | 282

CHAPTER    THIRTY-SIX    I wasn't at church last Sunday | 290
THIRTY-SEVEN    Were you happy when young? | 298
Be 동사와 함께 간단한 회화 3마디(19) | 308

# CHAPTER ONE
# 01

## |기본 어휘 (VOCABULARY) 챙기기|

chapter [tʃǽptər] 챕터ㄹ     단원, 장
one [wʌn] 원     하나・1
I [ai] 아이     나
he [hi:] 히-     그
she [ʃi:] 쉬-     그녀
it [it] 잍     그것
am [ǽm] 앰-     이다
are [ɑːr] 아-     이다
is [iz] 이즈     이다
a [ə] -어     하나의
doctor [dáktər] 닥터ㄹ     의사, 박사
student [stjúːdənt] 스튜-던ㅌ     학생
book [buk] 북     책
you [ju:] 유-     당신, 너
pencil [pénsl] 펜슬     연필
nurse [nəːrs] 너-ㄹ스     간호사
teacher [tíːtʃər] 티-쳐ㄹ     선생님
computer [kʌmpjúːtər] 컴퓨-러ㄹ     컴퓨터
vocabulary [vəkǽbjuləri] 버캐뷰러뤼     어휘
school [skuːl] 스쿨-     학교

먼저, 이 단원의 핵심내용인 다음의 사항을 참고해 보세요.
  - 아래의 우리말을 영어로 말하거나 쓸 수 있나요?

**1. 나는 의사입니다.**
_____

**2. 그녀는 간호사입니다.**
_____

**3. 그것은 연필입니다.**
_____

▶ 위의 세 문장을 영어로 말하거나 쓸 수 있다면 다음 단원(CHAPTER)으로 넘어가도 좋습니다.

▶ 만약, 그렇지 못하면 다음 페이지로 넘어가 더 자세한 내용을 익혀야 합니다.

# CHAPTER ONE (1)

| 나는 학생 입니다. | | | (우리말 순서) |
|---|---|---|---|
| 나는 | 입니다 | 학생. | (영어 순서-영순) |
| I | am | a student. | (영어 순서-영순) |

 **STEP I** 영순 - 기본문형 이해하기

▶ 우리말(한글)의 문장은 단어의 순서가 바뀌어도 내용전달이 가능합니다. (앞 머리말 참조) 그러나, 영어문장은 일정한 순서가 있어서 그 순서대로 말하고, 쓰고, 읽고, 듣습니다. 이제부터 바로 그 영어문장의 순서(영순)를 익히면 영어다운 영어를 더 빨리, 정확하게 구사할 수 있습니다.

▶▶ 대부분의 영어문장은 첫머리에 등장하는 사람이나 사물의 주어(~는, ~이)가 오고 바로 그 뒤에 동사(~이다, ~하다)가 연이어 오는 순서입니다. 즉 **주어 + 동사**의 순서로 시작합니다.

우리말은 동사가 문장 제일 뒤에 오지만 영어는 주어 바로 뒤에 붙습니다.
영순의 아주 중요한 포인트입니다.

• 주어가 될 수 있는 단어-

　**I** (나), **You** (당신, 너), **He** (그), **She** (그녀), **It** (그것) 등등….

• 동사가 될 수 있는 단어-

　**am, are, is** 등등….
　위의 am, are, is 를 **be동사**라 칭하며, 그 해석은 "~입니다, ~이다, ~이군, ~이죠" 등 이며 주어에 맞추어 be동사(am, are, is)중 골라 씁니다.

**영순 1** 주어가 I(나)이면 그 뒤 be동사는 항상 **am**을 씁니다.

| 주어 | 동사 | |
|---|---|---|
| 나는 | 입니다 | ~ |
| I | am | ~ |

| 나는 | 입니다 | 학생 |
|---|---|---|
| I | am | a student. |

※ 우리말(한글)의 어순은 「나는 학생 입니다.」이지만 영어의 어순은 「나는 입니다. 학생」

**영순 2** 주어가 You(당신)이면 그 다음 be동사는 항상 **are**을 씁니다.

| 주어 | 동사 | |
|---|---|---|
| 당신은 | 입니다 | ~ |
| You | are | ~ |

| 당신은 | 입니다 | 선생님 |
|---|---|---|
| You | are | a teacher. |

**영순 3** 주어가 He(그), She(그녀), It(그것)이면 그 다음 be동사는 항상 is를 씁니다.

1.

| 주어 | 동사 | |
|---|---|---|
| 그는 | 입니다 | ~ |
| He | is | ~ |

| 그는 | 입니다 | 의사 |
|---|---|---|
| He | is | a doctor. |

2.

| 주어 | 동사 | |
|---|---|---|
| 그녀는 | 입니다 | ~ |
| She | is | ~ |

| 그녀는 | 입니다 | 간호사 |
|---|---|---|
| She | is | a nurse. |

3.

| 주어 | 동사 | |
|---|---|---|
| 그것은 | 입니다 | ~ |
| It | is | ~ |

| 그것은 | 입니다 | 책 |
|---|---|---|
| It | is | a book. |

## 영순 보충강의

**1. 영어 문장의 첫 시작은 대개 주어로 시작하죠.**
그 주어는 항상 세 가지 인칭을 나타냅니다.
- I(나) – 1인칭
- You(너, 당신) – 2인칭
- He(그), She(그녀), It(그것) – 3인칭

① I(나-1인칭), You(당신-2인칭)를 제외한 모든 사람, 사물, 동물은 3인칭 이라 합니다.
② 3인칭은 He, She, It 이 세 가지 외에도 무수히 많습니다.
③ 그러나 4인칭 이상은 없습니다. 모든 문장의 주어는 오로지 1, 2, 3인칭 세 가지 뿐!

**2. 주어 다음엔 바로 동사가 옵니다.–(중요사항)**
우리말에선 동사가 문장 끝에 오지만 영어에선 주어 바로 뒤에 온다는 사실을 명심해야 합니다. 즉, 우리말에서는 문장 끝에서 결론(동사)을 내리고, 영어에서는 주어 바로 뒤에서 결론(동사)을 먼저 내리고 그 결론에 딸린 내용을 그 뒤에 꼬리를 이어가는 언어입니다. (뒤에 계속 설명합니다.)

**3. 영어문장을 쓸 때는 첫 단어의 첫 철자(스펠링)는 항상 대문자를 쓰고, 그 뒤는 대개 소문자를 씁니다.**

**4. I(나-1인칭)는 문장속에서도 항상 대문자로 씁니다.**

5. 단어와 단어 사이는 조금 띄어 씁니다.

6. 문장 끝에는 마침표(.-피어리얻)를 찍습니다.

 STEP Ⅱ  영순 - 기본문형 정리하기

| 인칭 | 주어 | 동사 | |
|---|---|---|---|
| 1 | 나는 | 이다 | ~ |
|   | I | am | ~ |
| 2 | 당신은 | 이다 | ~ |
|   | You | are | ~ |
| 3 | 그는 | 이다 | ~ |
|   | He |  |  |
|   | 그녀는 |  |  |
|   | She | is | ~ |
|   | 그것은 |  |  |
|   | It |  |  |

 **STEP Ⅲ** 　**우리말 - 영순감각으로 익히기**

⇨ 1. 아래의 영순을 막고 왼쪽 우리말 순서를 오른쪽 영순처럼 말해보세요. (3회)
⇨ 2. 왼쪽 우리말 순서를 막고, 영순을 말하면서 영순의 감각을 익혀보세요. (3회)

| 우리말 순서 | 영　　　순 |
|---|---|
| 1. 나는 학생 입니다. | 1. 나는 입니다 학생. |
| 2. 당신은 선생님 입니다. | 2. 당신은 입니다 선생님. |
| 3. 그는 의사 입니다. | 3. 그는 입니다 의사. |
| 4. 그녀는 간호사 입니다. | 4. 그녀는 입니다 간호사. |
| 5. 그것은 책 입니다. | 5. 그것은 입니다 책. |

▶ 우리말 순서와 영어의 순서는 많이 다릅니다. 우리말과 거의 반대인 영어를 갑자기 표현하려면 영어의 순서를 잘 몰라 영어구사가 늘 어려웠습니다.
이제부터는 영어의 순서(영순)감각을 익혀야 합니다. 위에 적힌 영순을 읽어보니 익숙하지 않아 좀 이상하고 어색하죠. 그러나 그 어순이 바로 영어의 순서입니다.
앞으로 이 영순대로 익혀서 말하면 저절로 영어를 쉽게 구사할 수 있게 됩니다.

 **STEP Ⅳ**　**영순 - 기본문형 더 익히기**

⇨1. 아래의 영어문장을 막고 우리말을 영어로 말해보세요.
⇨2. 아래의 우리말을 막고 영어를 왼쪽의 우리말 순서로 말해보세요.

1. **나는 입니다** 학생　　1. **I am** a student.
2. **나는 입니다** 선생님　　2. **I am** a teacher.
3. **나는 입니다** 의사　　3. **I am** a doctor.

| | |
|---|---|
| 4. 나는 입니다 간호사 | 4. I am a nurse. |
| 5. 당신은 입니다 의사 | 5. You are a doctor. |
| 6. 당신은 입니다 간호사 | 6. You are a nurse. |
| 7. 당신은 입니다 선생님 | 7. You are a teacher. |
| 8. 당신은 입니다 학생 | 8. You are a student. |
| | |
| 9. 그는 입니다 선생님 | 9. He is a teacher. |
| 10. 그는 입니다 학생 | 10. He is a student. |
| 11. 그는 입니다 의사 | 11. He is a doctor. |
| 12. 그는 입니다 간호사 | 12. He is a nurse. |
| | |
| 13. 그녀는 입니다 간호사 | 13. She is a nurse. |
| 14. 그녀는 입니다 학생 | 14. She is a student. |
| 15. 그녀는 입니다 선생님 | 15. She is a teacher. |
| 16. 그녀는 입니다 의사 | 16. She is a doctor. |
| | |
| 17. 그것은 입니다 책 | 17. It is a book. |
| 18. 그것은 입니다 연필 | 18. It is a pencil. |
| 19. 그것은 입니다 컴퓨터 | 19. It is a computer. |
| 20. 그것은 입니다 학교 | 20. It is a school. |

수고 하셨습니다.
이제 첫 말문을 열기 시작했습니다.
영어는 지능(I.Q)싸움이 아니라 근성 싸움입니다.
서두르는 사람은 실패하기 쉽습니다.
서둘러 급하게 달려 나가면 금방 지쳐 쓰러집니다.
천천히 하나하나 이해하면서 느긋하게 즐기면서 공부하면 멀리 갈 수 있습니다.

# CHAPTER TWO
# 02

|기본 어휘 (VOCABULARY) 챙기기|

not [nat] 낱 　　　　　　　　　아니다
two [tu:] 투~ 　　　　　　　　둘, 2
singer [síŋər] 싱어ㄹ 　　　　　가수
farmer [fá:rmər] 퐈머ㄹ 　　　 농부
painter [peintər] 페인터ㄹ 　　화가
cook [kuk] 쿡 　　　　　　　　요리사
cell phone [sélfoun] 셀포운 　휴대폰
chair [tʃɛər] 췌어ㄹ 　　　　　의자
desk [desk] 데-슥 　　　　　　책상
car [ka:r] 카-ㄹ 　　　　　　　승용차

먼저, 이 단원의 핵심내용인 다음의 사항을 참고해 보세요.
- 아래의 우리말을 영어로 말하거나 쓸 수 있나요?

**1. 나는 선생님이 아닙니다.**

_____

**2. 그는 농부가 아닙니다.**

_____

**3. 그것은 핸드폰이 아닙니다.**

_____

▶ 위의 세 문장을 영어로 말하거나 쓸 수 있다면 다음 단원(CHAPTER)으로 넘어가도 좋습니다.
▶ 만약, 그렇지 못하면 다음 페이지로 넘어가 더 자세한 내용을 익혀야 합니다.

# CHAPTER TWO (2)

| 나는 가수가 아닙니다. | | | (우리말 순서) |
|---|---|---|---|
| 나는 | 아닙니다 | 가수. | (영어 순서-영순) |
| I | am not | a singer. | (영어 순서-영순) |

##  영순 – 기본문형 이해하기

▶ 앞 1단원에서 "~는(주어) ~이다."의 긍정표현(긍정문)을 공부했습니다.
▶▶ 오늘의 공부는 "~는 ~이 아니다."의 부정표현(**부정문**)입니다.

부정문은 be동사(am, are, is)뒤에 무조건 not를 붙이면 됩니다.

**영순 1**  1. be동사 **am**뒤에 **not**를 붙입니다.

① 
| 나는 | 입니다 | 가수 |
|---|---|---|
| I | am | a singer. | (긍정문)

② 
| 나는 | 아닙니다 | 가수 |
|---|---|---|
| I | **am not** | a singer. | (부정문)

※1. 우리말(한글)의 어순은 「나는 가수가 아닙니다.」이지만 영어의 어순은 「나는 아닙니다 가수」이죠.
※2. 사람이나 사물의 이름을 명사라 합니다. 그 명사 앞에 a를 쓰는데 우리말로 해석하지 않습니다.

**영순 2**  2. be동사 are뒤에 not를 붙입니다.

① 
| 당신은 | 입니다 | 요리사 |
|---|---|---|
| You | are | a cook. |
(긍정문)

② 
| 당신은 | 아닙니다 | 요리사 |
|---|---|---|
| You | **are not** | a cook. |
(부정문)

**영순 3**  3. be동사 is뒤에 not를 붙입니다.

① 
| 그는 | 입니다 | 농부 |
|---|---|---|
| He | is | a farmer. |
(긍정문)

② 
| 그는 | 아닙니다 | 농부 |
|---|---|---|
| He | **is not** | a farmer. |
(부정문)

**영순 4**

① 
| 그녀는 | 입니다 | 화가 |
|---|---|---|
| She | is | a painter. |
(긍정문)

② 
| 그녀는 | 아닙니다 | 화가 |
|---|---|---|
| She | **is not** | a painter. |
(부정문)

**영순 5**

① 
| 그것은 | 입니다 | 휴대폰 |
|---|---|---|
| It | is | a cell phone. |
(긍정문)

② 
| 그것은 | 아닙니다 | 휴대폰 |
|---|---|---|
| It | **is not** | a cell phone. |
(부정문)

## STEP II  영순 - 기본문형 정리하기

| 인칭 | 주어 | 동사부정표현 | |
|---|---|---|---|
| 1 | 나는 | 아니다 | ~ |
| | I | am not | ~ |
| 2 | 당신은 | 아니다 | ~ |
| | You | are not | ~ |
| 3 | 그는 | 아니다 | ~ |
| | He | is not | ~ |
| | 그녀는 | 아니다 | ~ |
| | She | is not | ~ |
| | 그것은 | 아니다 | ~ |
| | It | is not | ~ |

## STEP III  우리말 - 영순감각으로 익히기

⇨ 1. 아래의 영순을 막고 왼쪽 우리말 순서를 오른쪽 영순처럼 말해보세요. (3회)
⇨ 2. 왼쪽 우리말 순서를 막고, 영순을 말하면서 영순의 감각을 익혀보세요. (3회)

| 우리말 순서 | 영 순 |
|---|---|
| 1. 나는 가수가 아닙니다. | 1. 나는 아닙니다 가수. |
| 2. 당신은 요리사가 아닙니다. | 2. 당신은 아닙니다 요리사. |
| 3. 그는 농부가 아닙니다. | 3. 그는 아닙니다 농부. |
| 4. 그녀는 화가가 아닙니다. | 4. 그녀는 아닙니다 화가. |
| 5. 그것은 휴대폰이 아닙니다. | 5. 그것은 아닙니다 휴대폰. |

# STEP IV 영순 – 기본문형 더 익히기

⇨1. 아래의 영어문장을 막고 우리말을 영어로 말해보세요.
⇨2. 아래의 우리말을 막고 영어를 왼쪽의 우리말 순서로 말해보세요.

| | |
|---|---|
| 1. **나는 아닙니다** 가수 | 1. **I am not** a singer. |
| 2. **나는 아닙니다** 요리사 | 2. **I am not** a cook. |
| 3. **나는 아닙니다** 농부 | 3. **I am not** a farmer. |
| 4. **나는 아닙니다** 화가 | 4. **I am not** a painter. |
| 5. **나는 아닙니다** 선생님 | 5. **I am not** a teacher. |
| 6. **나는 아닙니다** 학생 | 6. **I am not** a student. |
| 7. **나는 아닙니다** 간호사 | 7. **I am not** a nurse. |
| 8. **나는 아닙니다** 의사 | 8. **I am not** a doctor. |
| 9. **당신은 아닙니다** 화가 | 9. **You are not** a painter. |
| 10. **당신은 아닙니다** 요리사 | 10. **You are not** a cook. |
| 11. **당신은 아닙니다** 농부 | 11. **You are not** a farmer. |
| 12. **당신은 아닙니다** 가수 | 12. **You are not** a singer. |
| 13. **당신은 아닙니다** 의사 | 13. **You are not** a doctor. |
| 14. **당신은 아닙니다** 학생 | 14. **You are not** a student. |
| 15. **당신은 아닙니다** 간호사 | 15. **You are not** a nurse. |
| 16. **당신은 아닙니다** 선생님 | 16. **You are not** a teacher. |
| 17. **그는 아닙니다** 학생 | 17. **He is not** a student. |
| 18. **그는 아닙니다** 가수 | 18. **He is not** a singer. |
| 19. **그는 아닙니다** 농부 | 19. **He is not** a farmer. |
| 20. **그는 아닙니다** 화가 | 20. **He is not** a painter. |
| 21. **그는 아닙니다** 요리사 | 21. **He is not** a cook. |

22. 그는 아닙니다 의사
23. 그는 아닙니다 선생님
24. 그는 아닙니다 간호사

22. He is not a doctor.
23. He is not a teacher.
24. He is not a nurse.

25. 그녀는 아닙니다 의사
26. 그녀는 아닙니다 요리사
27. 그녀는 아닙니다 농부
28. 그녀는 아닙니다 가수
29. 그녀는 아닙니다 화가
30. 그녀는 아닙니다 간호사
31. 그녀는 아닙니다 학생
32. 그녀는 아닙니다 선생님

25. She is not a doctor.
26. She is not a cook.
27. She is not a farmer.
28. She is not a singer.
29. She is not a painter.
30. She is not a nurse.
31. She is not a student.
32. She is not a teacher.

33. 그것은 아닙니다 휴대폰
34. 그것은 아닙니다 연필
35. 그것은 아닙니다 책
36. 그것은 아닙니다 컴퓨터
37. 그것은 아닙니다 책
38. 그것은 아닙니다 의자
39. 그것은 아닙니다 승용차
40. 그것은 아닙니다 책상

33. It is not a cell phone.
34. It is not a pencil.
35. It is not a book.
36. It is not a computer.
37. It is not a book.
38. It is not a chair.
39. It is not a car.
40. It is not a desk.

**Be동사와 함께**

간단 회화  마디 (1)

## 무슨 뜻일까요?
(먼저 생각해 보고 아래 우리말 뜻을 확인해 보세요)

1. I'm blue.  _____
2. I'm lost.  _____
3. I'm for you.  _____

▶ 위의 각 문장의 주어를 여러가지로 바꾸어 말해 보세요.
▶ 위의 각 문장을 부정문이나 의문문으로 바꾸어 말해 보세요.

① 나는 우울해.
② 나는 길을 잃어버렸어.
③ 나는 네 편이야.

# CHAPTER THREE
# 03

| 기본 어휘 (VOCABULARY) 챙기기 |

three [θri:] 스리     셋, 3
dog [dɔg] 독     개, 강아지
poodle [púːdl] 푸들     푸들강아지
purse [pəːrs] 퍼-ㄹ스     핸드백
pianist [piǽnist] 피애니슽     피아니스트
violinist [váiəlinist] 봐이얼리니슽     바이올리니스트
car [kaːr] 카-ㄹ     승용차
wallet [wálit] 왈맅     지갑

먼저, 이 단원의 핵심내용인 다음의 사항을 참고해 보세요.
- 아래의 우리말을 영어로 말하거나 쓸 수 있나요?

**1. 당신은 화가입니까?**
_____

**2. 그녀는 가수입니까?**
_____

**3. 그것은 지갑입니까?**
_____

▶ 위의 세 문장을 영어로 말하거나 쓸 수 있다면 다음 단원(CHAPTER)으로 넘어가도 좋습니다.
▶ 만약, 그렇지 못하면 다음 페이지로 넘어가 더 자세한 내용을 익혀야 합니다.

# CHAPTER THREE (3)

| 당신은 선생님입니까? | | | (우리말 순서) |
|---|---|---|---|
| 입니까 | 당신은 | 선생님 | (영어 순서-영순) |
| Are | you | a teacher? | (영어 순서-영순) |

##  영순 – 기본문형 이해하기

▶ 제1단원에서 "~는 ~이다"(긍정문)
제2단원에서 "~는 ~이 아니다"(부정문)의 영어표현을 공부했습니다.

▶▶ 오늘은 "~는 ~입니까?" 하고 물어보는 표현-즉 **의문문**을 공부합니다.
의문문표현은 주어와 be동사(am, are, is)의 순서를 바꾸고 문장 끝을 올려 읽습니다. 의문문을 쓸 때는 끝에 의문부호(?-쿠웨스쳔 마크)를 붙입니다.

**영순 1**    주어 I와 be동사 am를 바꾸어 말하고 문장 끝을 올려 읽습니다.

① 
| 나는 입니다 | 가수 |
|---|---|
| I am | a singer. ↘ | (긍정문)

② 
| 나는 입니까 | 가수? |
|---|---|
| Am I | a singer? ↗ | (의문문)

**영순 2**    주어 You와 be동사(are)를 바꾸어 말합니다.

① 
| 당신은 입니다 | 선생님 |
|---|---|
| You are | a teacher. ↘ |

② | 당신은 입니까 | 선생님? |
   | Are you | a teacher.↗ |

**영순 3** ▶ 주어 He, She, It와 be동사(is)를 바꾸어 말합니다.

① | 그는 입니다 | 피아니스트 |
   | He is | a pianist.↘ |

② | 그는 입니까 | 피아니스트 |
   | Is he | a pianist?↗ |

**영순 4**

① | 그녀는 입니다 | 바이얼리니스트 |
   | She is | a violinist.↘ |

② | 그녀는 입니까 | 피아니스트 |
   | Is he | a violinist?↗ |

**영순 5**

① | 그것은 입니다 | 휴대폰 |
   | It is | a cell phone↘ |

② | 그것은 입니까? | 휴대폰? |
   | Is it | a cell phone?↗ |

 **STEP II** 영순 - 기본문형 정리하기

| 인칭 | Be동사 + 주어 | ~? |
|---|---|---|
| 1 | 나는 입니까 | ~? |
| | Am I | ~? |
| 2 | 당신은 입니까 | ~? |
| | Are you | ~? |
| 3 | 그는 입니까 | ~? |
| | Is he | ~? |
| | 그녀는 입니까 | ~? |
| | Is she | ~? |
| | 그것은 입니까 | ~? |
| | Is it | ~? |

 **STEP III** 우리말 - 영순감각으로 익히기

⇨ 1. 아래의 영순을 막고 왼쪽 우리말 순서를 오른쪽 영순처럼 말해보세요. (3회)
⇨ 2. 왼쪽 우리말 순서를 막고, 영순을 말하면서 영순의 감각을 익혀보세요. (3회)

| 우리말 순서 | 영 순 |
|---|---|
| 1. 나는 가수 입니까? | 1. 나는 입니까 가수? |
| 2. 당신은 선생님 입니까? | 2. 당신은 입니까 선생님? |
| 3. 그는 피아니스트 입니까? | 3. 그는 입니까 피아니스트? |
| 4. 그는 바이얼리니스트 입니까? | 4. 그녀는 입니까 바이얼리니스트? |
| 5. 그것은 핸드폰 입니까? | 5. 그것은 입니까 핸드폰? |

## STEP IV 영순 - 기본문형 더 익히기

⇨1. 아래의 영어문장을 막고 우리말을 영어로 말해보세요.
⇨2. 아래의 우리말을 막고 영어를 왼쪽의 우리말 순서로 말해보세요.

1. **나는 입니까** 가수?
2. **나는 입니까** 선생님?
3. **나는 입니까** 피아니스트?
4. **나는 입니까** 의사?
5. **나는 입니까** 화가?
6. **나는 입니까** 요리사?
7. **나는 입니까** 학생?

1. **Am I** a singer?
2. **Am I** a teacher?
3. **Am I** a pianist?
4. **Am I** a doctor?
5. **Am I** a painter?
6. **Am I** a cook?
7. **Am I** a student?

8. **당신은 입니까** 바이얼리니스트?
9. **당신은 입니까** 간호사?
10. **당신은 입니까** 농부?
11. **당신은 입니까** 가수?
12. **당신은 입니까** 선생님?
13. **당신은 입니까** 의사?
14. **당신은 입니까** 화가?

8. **Are you** a violinist?
9. **Are you** a nurse?
10. **Are you** a farmer?
11. **Are you** a singer?
12. **Are you** a teacher?
13. **Are you** a doctor?
14. **Are you** a painter?

15. **그는 입니까** 피아니스트?
16. **그는 입니까** 요리사?
17. **그는 입니까** 학생?
18. **그는 입니까** 가수?
19. **그는 입니까** 선생님?
20. **그는 입니까** 농부?
21. **그는 입니까** 간호사?

15. **Is he** a pianist?
16. **Is he** a cook?
17. **Is he** a student?
18. **Is he** a singer?
19. **Is he** a teacher?
20. **Is he** a farmer?
21. **Is he** a nurse?

22. 그녀는 입니까 화가?  22. **Is she** a painter?
23. 그녀는 입니까 의사?  23. **Is she** a doctor?
24. 그녀는 입니까 바이얼리니스트?  24. **Is she** a violinist?
25. 그녀는 입니까 간호사?  25. **Is she** a nurse?
26. 그녀는 입니까 요리사?  26. **Is she** a cook?
27. 그녀는 입니까 가수?  27. **Is she** a singer?
28. 그녀는 입니까 농부?  28. **Is she** a farmer?

29. 그것은 입니까 승용차?  29. **Is it** a car?
30. 그것은 입니까 지갑?  30. **Is it** a wallet?
31. 그것은 입니까 핸드백?  31. **Is it** a purse?
32. 그것은 입니까 푸들?  32. **Is it** a poodle?
33. 그것은 입니까 컴퓨터?  33. **Is it** a computer?
34. 그것은 입니까 휴대폰?  34. **Is it** a cell phone?
35. 그것은 입니까 연필?  35. **Is it** a pencil?

## 영순 보충강의

※1. 영어문장의 대부분은 긍정문, 부정문, 의문문, 이 세 가지 표현이 주로 많이 사용됩니다.

※2. 모든 사람들이 영어가 어렵다고 생각하는 것은 영어를 영어의 순서(영순)로 공부하지 않고 영어와 반대순서인 우리말로 해석하는 잘못된 습관을 들여왔기 때문입니다. 앞으로 영어를 우리말로 해석할 때도 영어의 순서로 계속하면 영어어순에 익숙해져 쉽게 말하고 들을 수 있으며 더 높은 수준의 중·고교, 대학 및 전공영어의 직독직해가 쉬워집니다.

### Be동사와 함께 간단 회화  마디 (2)

## 무슨 뜻일까요?
(먼저 생각해 보고 아래 우리말 뜻을 확인해 보세요)

1. It's on me. _____
2. It's nice of you. _____
3. It's up to you. _____

▶ 위의 각 문장의 주어를 여러가지로 바꾸어 말해 보세요.
▶ 위의 각 문장을 부정문이나 의문문으로 바꾸어 말해 보세요.

① 그것은 내가 낼게.
② 당신은 친절하시네요.
③ 그것은 너가 결정해.

# CHAPTER FOUR
# 04

## |기본 어휘 (VOCABULARY) 챙기기|

four [fɔːr] 포-ㄹ — 넷, 4
chef [ʃef] 쉐프 — 주방장
banker [bæŋkər] 뱅커ㄹ — 은행원
desk [desk] 데슼 — 책상
driver [dráivər] 즈라이버ㄹ — 운전자
taxi [tǽksi] 택시 — 택시
bus [bʌs] 버스 — 버스
secretary [sékrəteri] 쎄크러테뤼 — 비서
mechanic [mikǽnik] 미캐닉 — 정비사
Yes [jes] 예스 — 네
No [nou] 노우 — 아니요
not [nat] 낱 — 아니다

먼저, 이 단원의 핵심내용인 다음의 사항을 참고해 보세요.
- 아래의 우리말을 영어로 말하거나 쓸 수 있나요?

**1. 나는 요리사 입니까?**

　-네, 그렇습니다.

　-아니오, 그렇지 않습니다.

**2. 당신은 정비사 입니까?**

　-네, 그렇습니다.

　-아니오, 그렇지 않습니다.

**3. 그녀는 비서 입니까?**

　-네, 그렇습니다.

　-아니오, 그렇지 않습니다.

▶ 위의 세 가지 질문과 대답을 영어로 말할 수 있다면 다음 단원(CHAPTER)으로 넘어가도 좋습니다.
▶ 만약, 그렇지 못하면 다음 페이지로 넘어가 더 자세한 내용을 익혀야 합니다.

# CHAPTER FOUR (4)

| 당신은 주방장 입니까? | (우리말 순서) |
|---|---|

| 당신은 입니까 | 주방장? | (영어 순서-영순) |
|---|---|---|
| Are you | a chef? | (영어 순서-영순) |

| 네, | 그렇습니다. | 아니오, | 그렇지 않습니다. |
|---|---|---|---|
| Yes, | I am. | No, | I am not. |

## ☝ STEP I  영순 - 기본문형 이해하기

▶ 앞단원에서 "~입니까?" 하고 질문하는 표현-즉 의문문을 공부했습니다.

▶▶ 이 단원에서는 그 질문에 **대답하는 방법**을 공부합니다. 먼저, 의문문으로 질문할 때는 문장 끝을 올려 발음(↗)합니다. 그리고 그 의문문의 대답은 Yes 혹은 No로 대답합니다.

| 당신은 입니까 | 학생 |
|---|---|
| Are you | a student? ↗ |

| | 네, | 그렇습니다. |
|---|---|---|
| – | Yes, | I am. |

| | 아니오, | 그렇지 않습니다. |
|---|---|---|
| – | No, | I am not. |

※1. 질문자가 you(당신-2인칭)에 대해 물으면 대답자는 I(나-1인칭)로 대답합니다.
※2. No로 대답하는 경우엔 뒤에 꼭 not로 끝내야 합니다.

**영순 2**

| 나는 입니까 | 선생님? |
|---|---|
| Am I | a teacher? ↗ |

| | 네, | 그렇습니다. |
|---|---|---|
| — | Yes, | you are. |

| | 아니오, | 그렇지 않습니다. |
|---|---|---|
| — | No, | you are not. |

※ 질문자가 I(나-1인칭)에 대해 물으면 대답자는 you(당신-2인칭)로 대답합니다.

**영순 3**

| 그는 입니까 | 주방장? |
|---|---|
| Is he | a chef? ↗ |

| | 네, | 그렇습니다. |
|---|---|---|
| — | Yes, | he is. |

| | 아니오, | 그렇지 않습니다. |
|---|---|---|
| — | No, | he is not. |

※ 질문자가 he(그), she(그녀), it(그것-3인칭)에 대해 물으면 대답자도 역시 he, she, it(3인칭)로 대답합니다.

**영순 4**

| 그녀는 입니까 | 비서 |
|---|---|
| Is she | a secretary? ↗ |

| | 네, | 그렇습니다. |
|---|---|---|
| — | Yes, | she is. |

| | 아니오, | 그렇지 않습니다. |
|---|---|---|
| — | No, | she is not. |

**영순 5**

| 그것은 입니까 | 책상? |
|---|---|
| Is it | a desk?↗ |

| | 네, | 그렇습니다. |
|---|---|---|
| — | Yes, | it is. |

| | 아니오, | 그렇지 않습니다. |
|---|---|---|
| — | No, | it is not. |

 **STEP Ⅱ** 영순 - 기본문형 정리하기

| 인칭 | 의문문 | 대 답 |
|---|---|---|
| 1 | 나는 ~ 입니까?<br>Am I ~ ? | Yes, you are. (네, 그렇습니다.)<br>No, you are not. (아니오, 그렇지 않습니다.) |
| 2 | 당신은 ~ 입니까?<br>Are you ~ ? | Yes, I am. (네, 그렇습니다.)<br>No, I am not.(아니오, 그렇지 않습니다.) |
| 3 | 그는 ~ 입니까?<br>Is he ~ ? | Yes, he is. (네, 그렇습니다.)<br>No, he is not.(아니오, 그렇지 않습니다.) |
| | 그녀는 ~ 입니까?<br>Is she ~ ? | Yes, she is. (네, 그렇습니다.)<br>No, she is not.(아니오, 그렇지 않습니다.) |
| | 그것은 ~ 입니까?<br>Is it ~ ? | Yes, it is. (네, 그렇습니다.)<br>No, it is not.(아니오, 그렇지 않습니다.) |

 **STEP III** 우리말 - 영순감각으로 익히기

⇨ 1. 아래의 영순을 막고 왼쪽 우리말 순서를 오른쪽 영순처럼 말해보세요. (3회)
⇨ 2. 왼쪽 우리말 순서를 막고, 영순을 말하면서 영순의 감각을 익혀보세요. (3회)

| 우리말 순서 | 영 순 |
|---|---|
| 1. 나는 선생님 입니까?<br>- 네, 그렇습니다.<br>- 아니요, 그렇지 않습니다. | 1. 나는 입니까 선생님?<br>- 네, 그렇습니다.<br>- 아니요, 그렇지 않습니다. |
| 2. 당신은 학생 입니까?<br>- 네, 그렇습니다.<br>- 아니요, 그렇지 않습니다. | 2. 당신은 입니까 학생?<br>- 네, 그렇습니다.<br>- 아니요, 그렇지 않습니다. |
| 3. 그는 주방장 입니까?<br>- 네, 그렇습니다.<br>- 아니요, 그렇지 않습니다. | 3. 그는 입니까 주방장?<br>- 네, 그렇습니다.<br>- 아니요, 그렇지 않습니다. |
| 4. 그녀는 비서 입니까?<br>- 네, 그렇습니다.<br>- 아니요, 그렇지 않습니다. | 4. 그녀는 입니까 비서?<br>- 네, 그렇습니다.<br>- 아니요, 그렇지 않습니다. |
| 5. 그것은 책상 입니까?<br>- 네, 그렇습니다.<br>- 아니요, 그렇지 않습니다. | 5. 그것은 입니까 책상?<br>- 네, 그렇습니다.<br>- 아니요, 그렇지 않습니다. |

 **STEP IV** 영순 - 기본문형 더 익히기

⇨1. 아래의 영어문장을 막고 우리말을 영어로 말해보세요.
⇨2. 아래의 우리말을 막고 영어를 왼쪽의 우리말 순서로 말해보세요.

1. **나는 입니까** 학생?
   - 네, 그렇습니다.
   - 아니오, 그렇지 않습니다.

1. **Am I** a student?
   - Yes, you are.
   - No, you are not.

2. 나는 입니까 주방장?
– 네, 그렇습니다.
– 아니오, 그렇지 않습니다.

3. 나는 입니까 요리사?
– 네, 그렇습니다.
– 아니오, 그렇지 않습니다.

4. 나는 입니까 화가?
– 네, 그렇습니다.
– 아니오, 그렇지 않습니다.

5. 나는 입니까 의사?
– 네, 그렇습니다.
– 아니오, 그렇지 않습니다.

6. 나는 입니까 비서?
– 네, 그렇습니다.
– 아니오, 그렇지 않습니다.

7. 나는 입니까 선생님?
– 네, 그렇습니다.
– 아니오, 그렇지 않습니다.

8. 나는 입니까 은행원?
– 네, 그렇습니다.
– 아니오, 그렇지 않습니다.

9. 나는 입니까 운전자?
– 네, 그렇습니다.
– 아니오, 그렇지 않습니다.

10. 나는 입니까 정비사?
– 네, 그렇습니다.
– 아니오, 그렇지 않습니다.

2. **Am I** a chef?
– Yes, you are.
– No, you are not.

3. **Am I** a cook?
– Yes, you are.
– No, you are not.

4. **Am I** a painter?
– Yes, you are.
– No, you are not.

5. **Am I** a doctor?
– Yes, you are.
– No, you are not.

6. **Am I** a secretary?
– Yes, you are.
– No, you are not.

7. **Am I** a teacher?
– Yes, you are.
– No, you are not.

8. **Am I** a banker?
– Yes, you are.
– No, you are not.

9. **Am I** a driver?
– Yes, you are.
– No, you are not.

10. **Am I** a mechanic?
– Yes, you are.
– No, you are not.

11. 당신은 입니까 의사?
   - 네, 그렇습니다.
   - 아니오, 그렇지 않습니다.
12. 당신은 입니까 화가?
   - 네, 그렇습니다.
   - 아니오, 그렇지 않습니다.
13. 당신은 입니까 요리사?
   - 네, 그렇습니다.
   - 아니오, 그렇지 않습니다.
14. 당신은 입니까 운전자?
   - 네, 그렇습니다.
   - 아니오, 그렇지 않습니다.
15. 당신은 입니까 비서?
   - 네, 그렇습니다.
   - 아니오, 그렇지 않습니다.
16. 당신은 입니까 은행원?
   - 네, 그렇습니다.
   - 아니오, 그렇지 않습니다.
17. 당신은 입니까 정비사?
   - 네, 그렇습니다.
   - 아니오, 그렇지 않습니다.

18. 당신은 입니까 선생님?
   - 네, 그렇습니다.
   - 아니오, 그렇지 않습니다.
19. 당신은 입니까 주방장?
   - 네, 그렇습니다.
   - 아니오, 그렇지 않습니다.

11. **Are you** a doctor?
   - Yes, I am.
   - No, I am not.
12. **Are you** a painter?
   - Yes, I am.
   - No, I am not.
13. **Are you** a cook?
   - Yes, I am.
   - No, I am not.
14. **Are you** a driver?
   - Yes, I am.
   - No, I am not.
15. **Are you** a secretary?
   - Yes, I am.
   - No, I am not.
16. **Are you** a banker?
   - Yes, I am.
   - No, I am not.
17. **Are you** a mechanic?
   - Yes, I am.
   - No, I am not.

18. **Are you** a teacher?
   - Yes, I am.
   - No, I am not.
19. **Are you** a chef?
   - Yes, I am.
   - No, I am not.

20. **당신은 입니까** 간호사?
- 네, 그렇습니다.
- 아니오, 그렇지 않습니다.

21. **그는 입니까** 피아니스트?
- 네, 그렇습니다.
- 아니오, 그렇지 않습니다.

22. **그는 입니까** 주방장?
- 네, 그렇습니다.
- 아니오, 그렇지 않습니다.

23. **그는 입니까** 택시운전자?
- 네, 그렇습니다.
- 아니오, 그렇지 않습니다.

24. **그는 입니까** 정비사?
- 네, 그렇습니다.
- 아니오, 그렇지 않습니다.

25. **그는 입니까** 가수?
- 네, 그렇습니다.
- 아니오, 그렇지 않습니다.

26. **그녀는 입니까** 바이얼리니스트?
- 네, 그렇습니다.
- 아니오, 그렇지 않습니다.

27. **그녀는 입니까** 비서?
- 네, 그렇습니다.
- 아니오, 그렇지 않습니다.

28. **그녀는 입니까** 간호사?
- 네, 그렇습니다.
- 아니오, 그렇지 않습니다.

20. **Are you** a nurse?
- Yes, I am.
- No, I am not.

21. **Is he** a pianist?
- Yes, he is.
- No, he is not.

22. **Is he** a chef?
- Yes, he is.
- No, he is not.

23. **Is he** a taxi driver?
- Yes, he is.
- No, he is not.

24. **Is he** a mechanic?
- Yes, he is.
- No, he is not.

25. **Is he** a singer?
- Yes, he is.
- No, he is not.

26. **Is she** a violinist?
- Yes, she is.
- No, she is not.

27. **Is she** a secretary?
- Yes, she is.
- No, she is not.

28. **Is she** a nurse?
- Yes, she is.
- No, she is not.

29. **그녀는 입니까** 버스운전자?
 - 네, 그렇습니다.
 - 아니오, 그렇지 않습니다.

30. **그녀는 입니까** 가수?
 - 네, 그렇습니다.
 - 아니오, 그렇지 않습니다.

31. **그것은 입니까** 책상?
 - 네, 그렇습니다.
 - 아니오, 그렇지 않습니다.

32. **그것은 입니까** 푸들?
 - 네, 그렇습니다.
 - 아니오, 그렇지 않습니다.

33. **그것은 입니까** 핸드폰?
 - 네, 그렇습니다.
 - 아니오, 그렇지 않습니다.

34. **그것은 입니까** 승용차?
 - 네, 그렇습니다.
 - 아니오, 그렇지 않습니다.

35. **그것은 입니까** 지갑?
 - 네, 그렇습니다.
 - 아니오, 그렇지 않습니다.

29. **Is she** a bus driver?
 - Yes, she is.
 - No, she is not.

30. **Is she** a singer?
 - Yes, she is.
 - No, she is not.

31. **Is it** a desk?
 - Yes, it is.
 - No, it is not.

32. **Is it** a poodle?
 - Yes, it is.
 - No, it is not.

33. **Is it** a cell phone?
 - Yes, it is.
 - No, it is not.

34. **Is it** a car?
 - Yes, it is.
 - No, it is not.

35. **Is it** a wallet?
 - Yes, it is.
 - No, it is not.

# CHAPTER FIVE
# 05

## |기본 어휘 (VOCABULARY) 챙기기|

| | |
|---|---|
| five [faiv] 퐈입 | 다섯, 5 |
| happy [hǽpi] 해피 | 행복한 |
| sad [sæd] 쌛 | 슬픈 |
| hungry [hʌ́ŋgri] 헝그뤼 | 배고픈 |
| tall [tɔ:l] 톨- | 키 큰 |
| long [lɔ:ŋ] 롱- | 긴 |
| heavy [hévi] 헤뷔 | 무거운, 뚱뚱한 |
| short [ʃɔt] 숕 | 짧은, 키작은 |
| thin [θin] 신 | 날씬한 |
| handsome [hǽnsʌm] 핸섬 | 미남의 |
| beautiful [bjú:tifəl] 뷰-티풜 | 아름다운 |
| ugly [ʌ́gli] 어글리 | 못생긴, 추한 |

먼저, 이 단원의 핵심내용인 다음의 사항을 참고해 보세요.
- 아래의 우리말을 영어로 말하거나 쓸 수 있나요?

**1. 나는 배고프다.**

_____

**2. 너는 날씬하다.**

_____

**3. 그것은 무겁지 않다.**

_____

▶ 위의 세 가지 우리말을 영어로 말하거나 쓸 수 있다면 다음 단원(CHAPTER)으로 넘어가도 좋습니다.
▶ 만약, 그렇지 못하면 다음 페이지로 넘어가 더 자세한 내용을 익혀야 합니다.

# CHAPTER FIVE (5)

| 나는 | 행복 합니다. | (영어 순서) |
|---|---|---|
| I | am happy. | (영어 순서) |

 **STEP I** 　영순 – 기본문형 이해하기

▶ 영어문장의 순서는 제일 앞에 주어(I, You, He, She, It…등)를 쓰고 그 다음 be동사(am, are, is)를 쓰는 것으로 배워왔습니다. 그런데 be동사 뒤에 주로 명사가 붙어있군요. 명사가 뒤에 있으면 be동사(am, are, is) 는 ~이다(입니다)라고 해석하죠.

※1. **명사란? 사람, 사물, 동물, 직업, 신분의 이름**은 모두 명사라고 합니다.
※2. 명사 앞에는 a라는 관사를 습관적으로 쓰는데 그 a는 대개 뚜렷이 우리말로 해석하지 않습니다.

〈앞에서 배운 명사들〉

| 직업 · 신분 | 사물 | 동물 |
|---|---|---|
| teacher (선생님)<br>student (학생)  doctor (의사)<br>nurse (간호사)<br>singer (가수)  farmer (농부)<br>driver (운전자)<br>secretary (비서)<br>mechanic (정비사)<br>violinist (바이얼리니스트)<br>cook (요리사)<br>pianist (피아니스트)<br>painter (화가)<br>banker (은행원) | book (책)<br>pencil (연필)<br>desk (책상)<br>cell phone (휴대폰)<br>wallet (지갑)<br>purse (핸드백)<br>car (승용차)<br>taxi (택시)<br>bus (버스) | dog (개)<br>poodle (푸들) |

▶▶ 오늘 공부의 주요내용은 be동사(am, are, is)뒤에 형용사가 오는 경우 입니다.
be동사 +형용사를 묶어서 "~하다"로 해석합니다.

※ 형용사란? 사람, 사물의 **모양**, **성질**, **색깔**, **상태**를 나타내는 말입니다.

## 〈각종 형용사들 – "~한" 으로 주로 해석함〉

| | |
|---|---|
| happy (행복한) | short (짧은, 키가 작은) |
| sad (슬픈) | thin (날씬한) |
| hungry (배고픈) | handsome (미남의, 잘생긴–남자) |
| tall (키 큰) | beautiful (아름다운) |
| long (긴) | ugly (못생긴, 추한) |
| heavy (무거운, 뚱뚱한) | |

**영순** ▶ 주어 + be동사 + 형용사

① 나는 / 행복하다.
I / am happy.

② 나는 / 슬프다.
I / am sad.

③ 당신은 / 배고프다.
You / are hungry.

④ 당신은 / 키가 크다.
You / are tall.

⑤ 그는 / 뚱뚱하다.
He / is heavy.

⑥ 그는 / 미남이다.
He / is handsome.

⑦ 그녀는 / 날씬하다.
She / is thin.

⑧ 그녀는 / 아름답다.
She / is beautiful.

| ⑨ | 그것은 | 무겁다. |
|---|---|---|
|   | It | is heavy. |
| ⑩ | 그것은 | 짧다. |
|   | It | is short. |

 **STEP II  영순 - 기본문형 정리하기**

| 인칭 | 주어 | be동사 + 형용사 |
|---|---|---|
| 1 | I | am happy. |
| 2 | You | are sad. |
| 3 | He | is handsome. |
|   | She | is beautiful. |
|   | It | is heavy. |

 **STEP III  영순 - 기본문형 더 익히기**

⇨1. 아래의 영어문장을 막고 우리말을 영어로 말해보세요.
⇨2. 아래의 우리말을 막고 영어를 왼쪽의 우리말 순서로 말해보세요.

1. 나는 행복하다.          1. I am happy.
2. 나는 슬프다.            2. I am sad.
3. 나는 배고프다.          3. I am hungry.
4. 나는 키가 크다.         4. I am tall.
5. 나는 키가 작다.         5. I am short.

6. 당신은 뚱뚱하다.        6. You are heavy.

7. 당신은 키가 크다.  7. You are tall.
8. 당신은 키가 작다.  8. You are short.
9. 당신은 날씬하다.  9. You are thin.
10. 당신은 행복하다.  10. You are happy.

11. 그는 슬프다.  11. He is sad.
12. 그는 날씬하다.  12. He is thin.
13. 그는 미남이다.  13. He is handsome.
14. 그는 키가 크다.  14. He is tall.
15. 그는 배고프다.  15. He is hungry.

16. 그녀는 행복하다.  16. She is happy.
17. 그녀는 키가 크다.  17. She is tall.
18. 그녀는 날씬하다.  18. She is thin.
19. 그녀는 아름답다.  19. She is beautiful.
20. 그녀는 슬프다.  20. She is sad.

21. 그것은 무겁다.  21. It is heavy.
22. 그것은 짧다.  22. It is short.

23. 나는 행복하지 않다.  23. I am not happy.
24. 당신은 뚱뚱하지 않다.  24. You are not heavy.
25. 그는 키가 크지 않다.  25. He is not tall.
26. 그녀는 날씬하지 않다.  26. She is not thin.
27. 그것은 무겁지 않다.  27. It is not heavy.
28. 나는 배고프지 않다.  28. I am not hungry.
29. 당신은 키가 크지 않다.  29. You are not tall.
30. 그는 미남이 아니다.  30. He is not handsome.

# CHAPTER SIX
# 06

## |기본 어휘 (VOCABULARY) 챙기기|

| | |
|---|---|
| six [siks] 씩스 | 6, 여섯 |
| Hi [hai] 하이 | 안녕 |
| Hello [helóu] 헬로우 | 안녕, 여보세요 |
| morning [mɔ́:rniŋ] 모-닝 | 아침, 오전 |
| afternoon [æftərnú:n] 앺터눈- | 오후 |
| evening [í:vniŋ] 이-브닝 | 저녁 |
| night [nait] 나잍 | 밤 |
| later [léitər] 레이러ㄹ | 후에, 나중에 |
| again [agéin] 어게인 | 다시 |
| soon [su:n] 쑨- | 곧 |
| take [teik] 테잌 | 가지다 |
| easy [í:zi] 이-지 | 쉬운, 편한 |
| bye [bai] 바이 | 안녕, 작별 |

먼저, 이 단원의 핵심내용인 다음의 사항을 참고해 보세요.
– 아래의 우리말을 영어로 말하거나 쓸 수 있나요?

**1. 안녕? 만나서 반가워요.**

---

**2. 나도 만나서 반가워요.**

---

**3. 다음에 또 봐요.**

---

**4. 만나서 반가웠어요.**

---

▶ 위의 우리말들을 영어로 말할 수 있다면 다음 단원(CHAPTER)으로 넘어가도 좋습니다.
▶ 만약, 그렇지 못하면 다음 페이지로 넘어가 더 자세한 내용을 익혀야 합니다.

# CHAPTER SIX (6)

| 안녕! | 안녕하세요! |
|---|---|
| Hi! | Good morning! |

 STEP I  영순 - 기본문형 이해하기

▶ 매일, 혹은 자주 만나는 상대방에게 아무 인사없이 그냥 스칠 수는 없지요. 그렇다고 장황하게 인사를 주고받을 필요가 없을 땐 간단히 눈인사나 목례정도 일수도 있겠지만 그건 너무 간단한 인사이군요. 그래서 만날때와 헤어질 때 그 중간 정도의 간단한 인사로 대신할 수 있는 영어 인사 표현법을 공부해 볼까요?

▶▶ 만날 때, 말로 주고받을 수 있는 제일 짧은 인사법- 두 가지!

| 안녕! | 안녕! |
|---|---|
| Hi! | Hello! |

▶ 그것에 덧붙여 하는 인사- 세 가지!

Good morning,　Good afternoon,　Good evening.

1. 
| 안녕하세요? |
|---|
| Good morning! |

※ 오전 인사 이죠.-오전이란 대개 아침 등굣길이나 출근할 때이겠지만 사실은 밤

12시(자정)부터 낮 12시(정오)까지 12시간 동안이 오전(morning)이라는 사실입니다. -그 사이에 만나면 하는 인사 : Good morning! 새벽 2시에 만나도 Good morning!

**2.**

| 안녕하세요? |
|---|
| Good afternoon! |

※ **오후 인사죠.**-오후란 낮 12시(정오)부터 밤 12시(자정)까지가 정확한 개념이지만 주로 낮 12시(정오)부터 해질 무렵까지의 인사입니다. 여름과 겨울의 해지는 시간이 달라 오후인사의 길이는 다소 차이가 있겠네요.

**3.**

| 안녕하세요? |
|---|
| Good evening! |

※ **저녁인사입니다.**-저녁인사는 해질 무렵부터 밤 12시(자정)까지입니다. - 만약, 밤 11시에 만났을때 인사말은? Good night! 일까요? 아니죠, 그때도 역시 Good evening!입니다.

**4.**

| A: | 반갑습니다 | 만나 뵙게 되어 |
|---|---|---|
| | Good | |
| | Happy | to see you. (meet) |
| | Glad | |

| B: | 반갑습니다 | 저도 뵙게 되어 |
|---|---|---|
| | Good | |
| | Glad | to see you, too. (meet) |
| | Happy | |

※ 처음 만났을때-서로 나누는 인사죠

▶▶ **헤어질 때 나누는 인사표현들**

1. | 안녕히 계세요. | Good bye! |
   | 안녕히 가세요. | |

※ 위 Good bye는 낮과 밤 구별 없이 작별할 때 공통으로 사용하는 표현.
※ Good-by로 쓰기도 합니다.

2. | 안녕히 주무세요. | Good night! |
   | 안녕히 계세요. | |
   | 안녕히 가세요. | |

※ 위 Good night!는 주로 저녁과 늦은 밤에 헤어질 때의 작별인사.

3. | 안녕!<br>(작별) | Bye-by! |
   | | Bye! |
   | | So long! |
   | | Bye for now! |

4. | 또 봐요!<br>(작별) | See you! |
   | | See you later! |
   | | See you again! |
   | | See you soon! |

5. | 반가웠어요 | 만나서 |
   | Nice | |
   | Good | seeing you!<br>meeting you! |
   | Happy | |

6. | 조심해서 가세요. | Take it easy. |
   | 편히 계세요. | |

 **STEP II** 영순 - 기본문형 더 익히기

⇨ 1. 아래의 영어문장을 막고 우리말을 영어로 말해보세요.
⇨ 2. 아래의 우리말을 막고 영어를 왼쪽의 우리말 순서로 말해보세요.

| | |
|---|---|
| 1. 안녕! | 1. Hi!, Hello! |
| 2. 안녕하세요.(오전) | 2. Good morning! |
| 3. 안녕하세요.(오후) | 3. Good afternoon! |
| 4. 안녕하세요.(저녁) | 4. Good evening! |
| 5. 반가워요 만나서 | 5. Nice to see you! |
| 6. 반가워요 만나서 | 6. Glad to see you! |
| 7. 반가워요 만나서 | 7. Happy to see you! |
| 8. 반가워요 만나서 | 8. Good to see you! |
| 9. 안녕히 계세요. | 9. Good bye! |
| 10. 안녕히 가세요. | 10. Good bye! |
| 11. 안녕히 주무세요. | 11. Good night! |
| 12. 안녕히 계세요.(밤) | 12. Good night! |
| 13. 안녕히 가세요.(밤) | 13. Good night! |
| 14. 안녕!(작별) | 14. Bye! |
| 15. 안녕!(작별) | 15. Bye-bye! |
| 16. 안녕!(작별) | 16. So long! |
| 17. 안녕!(작별) | 17. Bye for now! |
| 18. 또 봐요. | 18. See you! |
| 19. 또 봐요. | 19. See you later! |
| 20. 또 봐요. | 20. See you again! |

21. 또 봐요.  21. See you soon!
22. 반가웠어요 만나서  22. Nice meeting you!
23. 반가웠어요 만나서  23. Nice seeing you!
24. 조심히 가세요  24. Take it easy!

**Be동사와 함께**

## 간단 회화 ✌ 마디 (3)

### 무슨 뜻일까요?
(먼저 생각해 보고 아래 우리말 뜻을 확인해 보세요)

> 1. He's on time. _____
> 2. She's on a diet. _____
> 3. He's on the way here. _____

▶ 위의 각 문장의 주어를 여러가지로 바꾸어 말해 보세요.
▶ 위의 각 문장을 부정문이나 의문문으로 바꾸어 말해 보세요.

① 그는 시간을 잘 지켜.
② 그녀는 다이어트 중이야.
③ 그는 오고 있어 이리로.

# CHAPTER SEVEN
## 07

|기본 어휘 (VOCABULARY) 챙기기|

| | |
|---|---|
| seven [sévn] 쎄븐 | 7, 일곱 |
| we [wi:] 위- | 우리들 |
| they [ðei] 데이 | 그들 |
| Korea [kouríə] 코우뤼어 | 한국 |
| America [əmérikə] 어메뤼커 | 미국 |
| desk [desk] 데슥 | 책상 |
| school [sku:l] 스쿨- | 학교 |
| room [ru:m] 룸- | 방 |
| work [wə:rk] 월 | 직장 |
| church [tʃʌ:rtʃ] 쳐-취 | 교회 |
| China [tʃáinə] 챠이너 | 중국 |
| home [houm] 호움 | 집, 가정 |
| on [ən] 언 | ~위에, ~에 |
| in [in] 인 | ~안에, ~에 |
| at [æt] 앹 | ~에 |
| roof [ru:f] 룪- | 지붕 |

먼저, 이 단원의 핵심내용인 다음의 사항을 참고해 보세요.
- 아래의 우리말을 영어로 말하거나 쓸 수 있나요?

**1. 당신은 교회에 있다.**
_____

**2. 그들은 직장에 있다.**
_____

**3. 그것은 책상 위에 있다.**
_____

**4. 그는 중국에 있다.**
_____

**5. 그것들은 지붕에 있다.**
_____

▶ 위의 다섯가지의 우리말을 영어로 말할 수 있다면 다음 단원(CHAPTER)으로 넘어가도 좋습니다.

▶ 만약, 그렇지 못하면 다음 페이지로 넘어가 더 자세한 내용을 익혀야 합니다.

# CHAPTER SEVEN (7)

| 나는 서울에 있다. | | (우리말 순서) |
|---|---|---|
| 나는 있다. | 서울에 | (영어 순서) |
| I am | in Seoul | (영어 순서) |

## STEP I  영순 - 기본문형 이해하기

▶ 앞 단원에서 be동사(am, are, is)뒤에 명사가 오면 "~이다"로 해석하고, be동사(am, are, is)뒤에 형용사가 오면 "~하다"로 해석한다고 공부했습니다.

▶▶ be동사 뒤에 in Seoul(서울에), at church(교회에), on the desk (책상위에) 등 장소의 단어가 오면 be동사는 "**있다**"로 해석합니다.

**영순 1** • I am in ~.

| 나는 있다 | 서울에 |
|---|---|
| I am | in Seoul. |

**영순 2** • You are at ~.

| 당신은 있다 | 교회에 |
|---|---|
| You are | at church. |

**영순 3**

• 1. He is in ~.

| 그는 있다 | 미국에 |
|---|---|
| He is | in America. |

• 2. She is at ~.

| 그녀는 있다 | 학교에 |
|---|---|
| She is | at school. |

• 3. It is on ~.

| 그것은 있다 | 책상위에 |
|---|---|
| It is | on the desk. |

**영순 4**

• 1. We are at ~.

| 우리는 있다 | 직장에 |
|---|---|
| We are | at work. |

• 2. They are in ~.

| 그들은 있다 | 중국에 |
|---|---|
| They are | in China. |

## 영순 보충강의

※1. 수가 하나면 **단수**, 수가 둘 이상이면 **복수**라고 합니다.

※2. • We(우리들) - 1인칭 복수형(우리들 속에 1인칭 단수형 I가 포함)

　　• You(당신들) - 2인칭 복수형(2인칭 단수형과 같습니다.)

　　• They(그들) - 3인칭 복수형(3인칭 단수형 He, She, It)

※3. 주어가 복수형이면 그 뒤 be동사는 꼭 복수형 be동사 are를 씁니다.

　　• We are ~.

　　• You are ~.

　　• They are ~.

## STEP II  영순 - 기본문형 정리하기

| 인칭 | | 주어 + be동사 + 전치사 ~ | 해석 |
|---|---|---|---|
| 1 | 단수 | I am in(on, at) ~. | 나는 있다 ~에 |
| | 복수 | We are in(on, at) ~. | 우리는 있다 ~에 |
| 2 | 단수 | You are in(on, at) ~. | 당신은 있다 ~에 |
| | 복수 | You are in(on, at) ~. | 당신들은 있다 ~에 |
| 3 | 단수 | He is in(on, at) ~. | 그는 있다 ~에 |
| | | She is in(on, at) ~. | 그녀는 있다 ~에 |
| | | It is in(on, at) ~. | 그것은 있다 ~에 |
| | 복수 | They are in(on, at) ~. | 그들은 있다 ~에 |

## STEP III  우리말 - 영순감각으로 익히기

⇨ 1. 아래의 영순을 막고 왼쪽 우리말 순서를 오른쪽 영순처럼 말해보세요. (3회)
⇨ 2. 왼쪽 우리말 순서를 막고, 영순을 말하면서 영순의 감각을 익혀보세요. (3회)

| 우리말 순서 | 영 순 |
|---|---|
| 1. 나는 서울에 있다. | 1. 나는 있다 서울에 |
| 2. 당신은 교회에 있다. | 2. 당신은 있다 교회에 |
| 3. 그는 미국에 있다. | 3. 그는 있다 미국에 |
| 4. 그녀는 학교에 있다. | 4. 그녀는 있다 학교에 |
| 5. 그것은 책상 위에 있다. | 5. 그것은 있다 책상 위에 |
| 6. 우리는 교회에 있다. | 6. 우리는 있다 교회에 |
| 7. 그들은 중국에 있다. | 7. 그들은 있다 중국에 |
| 8. 당신들은 직장에 있다. | 8. 당신들은 있다 직장에 |

## STEP IV  영순 – 기본문형 더 익히기

⇨ 1. 아래의 영어문장을 막고 우리말을 영어로 말해 보세요.
⇨ 2. 아래의 우리말을 막고 영어를 왼쪽의 우리말 순서로 말해 보세요.

1. **나는 있다** 서울에
2. **나는 있다** 학교에
3. **나는 있다** 직장에

1. **I am** in Seoul.
2. **I am** at school.
3. **I am** at work.

4. **당신은 있다** 부산에
5. **당신은 있다** 교회에
6. **당신은 있다** 직장에

4. **You are** in Busan.
5. **You are** at church.
6. **You are** at work.

7. **그는 있다** 미국에
8. **그는 있다** 직장에
9. **그는 있다** 교회에

7. **He is** in America.
8. **He is** at work.
9. **He is** at church.

10. **그녀는 있다** 중국에
11. **그녀는 있다** 학교에
12. **그녀는 있다** 교회에

10. **She is** in China.
11. **She is** at school.
12. **She is** at church.

13. **그것은 있다** 방에
14. **그것은 있다** 책상 위에
15. **그것은 있다** 지붕 위에
16. **우리는 있다** 학교에
17. **우리는 있다** 교회에
18. **우리는 있다** 직장에

13. **It is** in the room.
14. **It is** on the desk.
15. **It is** on the roof.
16. **We are** at school.
17. **We are** at church.
18. **We are** at work.

| | |
|---|---|
| 19. 그들은 있다 중국에 | 19. **They are** in China. |
| 20. 그들은 있다 방에 | 20. **They are** in the room. |
| 21. 그들은 있다 지붕 위에 | 21. **They are** on the roof. |
| | |
| 22. 나는 있다 집에 | 22. **I am** at home. |
| 23. 그는 있다 집에 | 23. **He is** at home. |
| 24. 그들은 있다 집에 | 24. **They are** at home. |
| 25. 그녀는 있다 집에 | 25. **She is** at home. |
| 26. 우리는 있다 교회에 | 26. **We are** at church. |
| 27. 그것은 있다 지붕 위에 | 27. **It is** on the roof. |
| 28. 그것들은 있다 책상 위에 | 28. **They are** on the desk. |
| 29. 그는 있다 중국에 | 29. **He is** in China. |
| 30. 그들은 있다 미국에 | 30. **They are** in America. |

## Be동사와 함께 간단 회화  마디 (4)

### 무슨 뜻일까요?
(먼저 생각해 보고 아래 우리말 뜻을 확인해 보세요)

1. They're at work. _____
2. They're at school. _____
3. They're at church. _____

▶ 위의 각 문장의 주어를 여러가지로 바꾸어 말해 보세요.
▶ 위의 각 문장을 부정문이나 의문문으로 바꾸어 말해 보세요.

① 그들은 일터에 있다 = 그들은 근무중이다.
② 그들은 학교에 있다 = 그들은 수업중이다.
③ 그들은 교회에 있다 = 그들은 예배중이다.

# CHAPTER EIGHT
# 08

## |기본 어휘 (VOCABULARY) 챙기기|

| | |
|---|---|
| eight [eit] 에잍 | 8, 여덟 |
| mom [mam] 맘 | 엄마 |
| young [jʌŋ] 영 | 젊은 |
| home [houm] 호움 | 집, 가정 |
| truck [trʌk] 츠럭 | 트럭 |
| married [mǽrid] 매륃 | 결혼한, 기혼의 |
| single [síŋgl] 씽글 | 미혼의, 혼자의 |
| quiet [kwáiət] 콰이얻 | 조용한 |
| ugly [ʌ́gli] 어글리 | 못생긴, 추한 |
| hospital [hǽspitl] 하스피틀 | 병원 |
| park [pa:rk] 팍- | 공원 |
| hairdresser [héədresər] 해어즈뤠서ㄹ | 미용사 |
| cute [kju:t] 큩 | 귀여운 |
| yard [ja:rd] 얃- | 뜰, 마당 |
| living room [líviŋru:m] 리빙룸- | 거실 |
| doll [dɔ:l] 돌- | 인형 |
| light [lait] 라읻 | 가벼운 |
| tree [tri:] 츠리 | 나무 |
| expensive [ikspénsiv] 익스펜십 | 비싼 |
| kitchen [kítʃin] 키췬 | 부엌 |

먼저, 이 단원의 핵심내용인 다음의 사항을 참고해 보세요.
– 아래의 우리말을 영어로 말하거나 쓸 수 있나요? (주어 + be 동사 줄임말로)

**1. 우리는 집에 있다.**
_____

**2. 그녀는 귀엽다.**
_____

**3. 그것은 비싸다.**
_____

**4. 그것들은 뜰에 있다.**
_____

▶위의 네 가지 우리말을 영어(주어 + be동사 줄임말)로 말하거나 쓸 수 있다면 다음 단원(CHAPTER)으로 넘어가도 좋습니다.
▶만약, 그렇지 못하면 다음 페이지로 넘어가 더 자세한 내용을 익혀야 합니다.

# CHAPTER EIGHT (8)

| 나는 학교에 있다. | | (우리말 순서) |
|---|---|---|
| 나는 있다. | 학교에 | (영어 순서) |
| I'm | at school. | (영어 순서) |

## STEP I  영순 - 기본문형 이해하기

▶영어문장은 주어 + 동사 ~ 의 순서로 시작합니다. 앞에서 주어 + be동사의 여러 표현을 공부했습니다.

▶▶오늘은 주어 + be동사를 말할 때 아래 표와 같이 줄여 말하는 방법을 공부합니다.

| 인칭 | | 주어 + be동사 ~. | 주어 + be동사의 줄임말 | |
|---|---|---|---|---|
| 1 | 단수 | I am ~. | ⇨ I'm ~. | (아음) |
|   | 복수 | We are ~. | ⇨ We're ~. | (위어) |
| 2 | 단수 | You are ~. | ⇨ You're ~. | (유어) |
|   | 복수 | You are ~. | ⇨ You're ~. | (유어) |
| 3 | 단수 | He is ~. | ⇨ He's ~. | (히~즈) |
|   |    | She is ~. | ⇨ She's ~. | (쉬~즈) |
|   |    | It is ~. | ⇨ It's ~. | (이츠) |
|   | 복수 | They are ~. | ⇨ They're ~. | (데이어~) |

※줄임말의 발음에 유의하세요!

▶ 주어 + be동사의 줄임말은 대화용으로 많이 사용되니까 반복하며 입으로 익혀두어야 합니다. 주어 + be동사를 줄이지 않는 표현은 말의 내용을 더 강조하거나 문장 형식으로 표현할 때입니다. 두 경우를 비교해 볼까요?

1. 주어 + be동사의 줄임말의 경우

| 엄마, | 나 배고파 | 평소 보통 대화표현 |
|---|---|---|
| Mom, | I'm hungry. | |

2. 주어 + be동사를 줄이지 않는 경우

| 엄마, | 나 배고프다니깐요. | 강조표현 및 문장형식 |
|---|---|---|
| Mom, | I am hungry. | |

자, 위 두 문장의 차이가 이해되시나요?
이제, 앞으로 영어구사는 평소 보통 표현인 주어 + be동사의 줄임말로 가급적 말하는 것이 자연스러운 영어구사입니다.

▶ 주어 뒤에 오는 be동사(am, are, is)의 뜻-세 가지. ①이다, ②있다, ③하다

**영 순 1**   1. be동사 뒤에 <u>명사</u>가 오면 "이다"로 해석하죠.

① 
| 나는 이다 | 의사 |
|---|---|
| I'm | a doctor. (명사) |

② 
| 그는 이다 | 버스 운전자 |
|---|---|
| He's | a bus driver. (명사) |

③ 
| 그들은 이다 | 선생님 |
|---|---|
| They're | teachers. (명사) |

**영순2**  2. be동사 뒤에 장소의 전치사(in, on, at…)가 오면 "있다"로 해석.

① | 나는 있다 | 서울에 |
| --- | --- |
| I'm | in Seoul. |

② | 그녀는 있다 | 학교에 |
| --- | --- |
| She's | at school. |

③ | 그것들은 있다 | 책상위에 |
| --- | --- |
| They're | on the desk. |

**영순3**  3. be동사 뒤에 형용사가 오면 be동사를 "하다"로 해석

① 나는 행복하다.
I'm happy. (형용사)

② 너는 날씬하다.
You're thin. (형용사)

③ 그는 뚱뚱하다.
He's heavy. (형용사)

## STEP II  영순 - 기본문형 정리하기

| 인칭 | 주어 + be줄임말 | be동사 뒤에 무엇이 오는가에 따라 be동사의 해석이 세 가지 |
|---|---|---|
| 1 | I'm | |
|   | We're | |
| 2 | You're | +명사 (~는 ~**이다**.) |
|   | He's | +형용사 (~는 ~**하다**.) |
| 3 | She's | +in(on, at) (~는 ~에 **있다**.) |
|   | It's | |
|   | They're | |

## STEP III  우리말 - 영순감각으로 익히기

▷1. 아래의 영순을 막고 왼쪽 우리말 순서를 오른쪽 영순처럼 말해보세요. (3회)
▷2. 왼쪽 우리말 순서를 막고, 영순을 말하면서 영순의 감각을 익혀보세요. (3회)

| 우리말 순서 | 영 순 |
|---|---|
| 1. 나는 의사 이다. | 1. 나는 이다 의사 |
| 2. 그는 버스운전자 이다. | 2. 그는 이다 버스운전자 |
| 3. 그들은 선생님 이다. | 3. 그들은 이다 선생님 |
| 4. 나는 서울에 있다. | 4. 나는 있다 서울에 |
| 5. 그녀는 학교에 있다. | 5. 그녀는 있다 학교에 |
| 6. 그것들은 있다 책상위에 | 6. 그것들은 있다 책상위에 |

## STEP IV  영순 - 기본문형 더 익히기

➡ 1. 아래의 영어문장을 막고 우리말을 영어로 말해 보세요.
　　(주어 + be동사 줄임말로)
➡ 2. 아래의 우리말을 막고 영어를 왼쪽의 우리말 순서로 말해 보세요.

| | |
|---|---|
| 1. **나는 이다** 운전자 | 1. **I'm** a driver. |
| 2. **나는 슬프다** | 2. **I'm** sad. |
| 3. **나는 있다** 서울에 | 3. **I'm** in Seoul. |
| 4. **우리는 조용하다** | 4. **We're** quiet. |
| 5. **우리는 있다** 한국에 | 5. **We're** in Korea. |
| | |
| 6. **당신은 이다** 택시 운전자 | 6. **You're** a taxi driver. |
| 7. **당신은 젊다** | 7. **You're** young. |
| 8. **당신은 있다** 집에 | 8. **You're** at home. |
| 9. **당신들은 늙었다** | 9. **You're** old. |
| 10. **당신들은 있다** 교회에 | 10. **You're** at church. |
| | |
| 11. **그는 이다** 트럭 운전자 | 11. **He's** a truck driver. |
| 12. **그는 기혼이다** | 12. **He's** married. |
| 13. **그는 있다** 병원에 | 13. **He's** in the hospital. |
| 14. **그들은 못생겼다** | 14. **They're** ugly. |
| 15. **그들은 있다** 공원에 | 15. **They're** in the park. |
| | |
| 16. **그녀는 이다** 미용사 | 16. **She's** a hairdresser. |
| 17. **그녀는 귀엽다** | 17. **She's** cute. |
| 18. **그녀는 있다** 뜰에 | 18. **She's** in the yard. |
| 19. **그들은 미혼이다** | 19. **They're** single. |

| | |
|---|---|
| 20. 그들은 있다 거실에 | 20. **They're** in the living room. |
| 21. 그것은 이다 인형 | 21. **It's** a doll. |
| 22. 그것은 가볍다 | 22. **It's** light. |
| 23. 그것은 있다 나무 위에 | 23. **It's** on the tree. |
| 24. 그것은 있다 책상 위에 | 24. **It's** on the desk. |
| 25. 그것은 있다 거실에 | 25. **It's** in the living room. |
| 26. 그것들은 비싸다 | 26. **They're** expensive. |
| 27. 그것들은 있다 부엌에 | 27. **They're** in the kitchen. |
| 28. 우리는 미혼이다 | 28. **We're** single. |
| 29. 그들은 기혼이다 | 29. **They're** married. |
| 30. 당신들은 젊다 | 30. **You're** young. |

# CHAPTER NINE
# 09

## |기본 어휘 (VOCABULARY) 챙기기|

nine [nain] 나인　　　　　　　9, 아홉
and [ænd] 앤　　　　　　　　그리고; ~와
outgoing [áutgouiŋ] 아웉고우잉　외향적인, 발랄한
shy [ʃai] 샤이　　　　　　　　내성적인, 소극적인
good [gud] 굳　　　　　　　　좋은, 착한
honest [á:nist] 아-니슽　　　　정직한

먼저, 이 단원의 핵심내용인 다음의 사항을 참고해 보세요.
- 아래의 우리말을 영어로 말하거나 쓸 수 있나요?

**1. 너와 나는 정직하다.**

**2. 너와 그녀는 착하다.**

**3. 그녀와 그는 내성적이다.**

▶ 위의 세 가지 우리말을 영어로 말하거나 쓸 수 있다면 다음 단원(CHAPTER)으로 넘어가도 좋습니다.
▶ 만약, 그렇지 못하면 다음 페이지로 넘어가 더 자세한 내용을 익혀야 합니다.

# CHAPTER NINE (9)

| 당신과 나는 | 정직하다 | (영어 순서) |
|---|---|---|
| You and I | are honest. | (영어 순서) |

## STEP I  영순 - 기본문형 이해하기

▶우리말(한글)에서 인칭대명사를 2개 이상 연결할 때 그 순서가 일정하게 정해져있지 않고 말하고 싶은 순서대로 말하죠.

▶▶그러나, 영어에서는 2개 이상의 인칭대명사를 말할 때 그 순서가 있습니다. 아래의 순서를 잘 익혀서 가능한 그 순서대로 말하도록 합시다.

| 우리말 | 영어 | 참고 |
|---|---|---|
| 너와 나 (O)<br>나와 너 (O) | You and I (O)<br>I and you (X) | 상대방(2인칭-you)을 먼저 말하고 I(1인칭)는 뒤로 |
| 그와 나 (O)<br>나와 그 (O) | He and I (O)<br>I and he (X) | 그(3인칭-he)를 먼저 말하고 I 는 뒤로 |
| 너와 그 (O)<br>그와 너 (O) | You and he (O)<br>He and you (X) | 상대방(2인칭-you)을 먼저 말하고 3인칭은 뒤로 |
| 그와 그녀 (O)<br>그녀와 그 (O) | He and she (O)<br>She and he (O) | 3인칭끼리는 앞·뒤 순서가 없음 |
| 너, 그, 그리고 나 (O)<br>그, 너, 그리고 나 (O)<br>나, 너, 그리고 그 (O) | You, he and I (O)<br>He, you and I (X)<br>I, you and he (X) | 1, 2, 3인칭 셋의 순서는 상대방(2인칭), 3인칭, 그리고 나(1인칭). 항상 I는 뒤로 |

**영순 1**

1. 너와 나는 / 젊다.
   You and I are young.

2. 그와 나는 / 키가 크다.
   He and I are tall.

3. 너와 그는 / 내성적이다.
   You and he are shy.

4. 너와 그녀는 / 정직하다.
   You and she are honest.

5. 그와 그녀는 / 활발하다.
   He and she are outgoing.

6. 그녀와 그는 / 미혼이다.
   She and he are single.

7. 너와 그와 나는 / 기혼이다.
   You, he and I are married.

▶ 두 개 이상의 인칭대명사를 한 개의 대명사로 표현하기
- You and I    ⇨ We (우리들 – 1인칭 복수)
- He and I     ⇨ We (우리들 – 1인칭 복수)
- You and he   ⇨ You (당신들 – 2인칭 복수)
- He and she   ⇨ They (그들 – 3인칭 복수)
- She and he   ⇨ They (그들 – 3인칭 복수)
- You, he and I ⇨ We (우리들 – 1인칭 복수)

※ 여러 명 중 I(나)가 포함되면 항상 We(우리들).
※ 주어가 한 명이면 단수, 두 명 이상을 가리키면 복수형이므로 주어가 복수형이면 그 뒤 be동사는 항상 **are**.

 **STEP II  영순 - 기본문형 정리하기**

| | 인칭대명사의 순서 | |
|---|---|---|
| 1인칭 복수 | You and I (너와 나) | ⇨ We (우리들) |
| | He and I (그와 나) | ⇨ We (우리들) |
| | She and I (그녀와 나) | ⇨ We (우리들) |
| 2인칭 복수 | You and he (너와 그) | ⇨ You (너희들) |
| | You and she (너와 그녀) | ⇨ You (너희들) |
| 3인칭 복수 | He and she (그와 그녀) | ⇨ They (그들) |
| | She and he (그녀와 그) | ⇨ They (그들) |
| 1인칭 복수 | You, he and I (너, 그, 그리고 나) | ⇨ We (우리들) |
| | You, she and I (너, 그녀 그리고 나) | ⇨ We (우리들) |

 **STEP III  영순 - 기본문형 더 익히기**

⇨ 1. 아래의 영어문장을 막고 우리말을 영어로 말해 보세요.
⇨ 2. 아래의 우리말을 막고 영어를 왼쪽의 우리말 순서로 말해 보세요.

1. **너와 나**는 정직하다
2. **너와 나**는 내성적이다
3. **너와 나**는 미혼이다
4. **너와 나**는 뚱뚱하다
5. **너와 나**는 착하다

6. **그와 나**는 있다 집에
7. **그와 나**는 있다 직장에

1. **You and I** are honest.
2. **You and I** are shy.
3. **You and I** are single.
4. **You and I** are heavy.
5. **You and I** are good.

6. **He and I** are at home.
7. **He and I** are at work.

| | |
|---|---|
| 8. **그와 나**는 있다 학교에 | 8. **He and I** are at school. |
| 9. **그녀와 나**는 있다 공원에 | 9. **She and I** are in the park. |
| 10. **그녀와 나**는 있다 교회에 | 10. **She and I** are at church. |
| | |
| 11. **너와 그**는 기혼이다 | 11. **You and he** are married. |
| 12. **너와 그**는 젊다 | 12. **You and he** are young. |
| 13. **너와 그**는 늙었다 | 13. **You and he** are old. |
| 14. **당신과 그녀**는 키가 크다 | 14. **You and she** are tall. |
| 15. **당신과 그녀**는 날씬하다 | 15. **You and she** are thin. |
| | |
| 16. **그와 그녀**는 행복하다 | 16. **He and she** are happy. |
| 17. **그와 그녀**는 키가 작다 | 17. **He and she** are short. |
| 18. **그와 그녀**는 슬프다 | 18. **He and she** are sad. |
| 19. **그녀와 그**는 뚱뚱하다 | 19. **She and he** are heavy. |
| 20. **그녀와 그**는 미혼이다 | 20. **She and he** are single. |
| 21. **너, 그이, 그리고 나**는 기혼이다 | 21. **You, he and I** are married. |
| 22. **당신, 그녀, 그리고 나**는 내성적이다 | 22. **You, she and I** are shy. |
| 23. **당신, 그녀, 그리고 나**는 정직하다 | 23. **You, she and I** are honest. |
| 24. **너, 그이, 그리고 나**는 날씬하다 | 24. **You, he and I** are thin. |
| | |
| 25. **너, 그녀, 그리고 나**는 행복하다 | 25. **You, she and I** are happy. |

# CHAPTER TEN

# 10

## |기본 어휘 (VOCABULARY) 챙기기|

| | |
|---|---|
| ten [ten] 텐 | 10, 열 |
| this [ðis] 디스 | 이것, 이 사람 |
| that [ðæt] 댙 | 저것, 저 사람 |
| Mr. [místər] 미스터ㄹ | ~씨 |
| Miss [mis] 미스 | ~양 |
| computer [kəmpjú:tər] 컴퓨-러 | 컴퓨터 |
| isn't [íznt] 이즌-ㅌ =is not | 아니다 |
| merchant [mə́:rtʃənt] 머-ㄹ췬ㅌ | 상인 |
| flower [fláuər] 플라워ㄹ | 꽃 |
| watch [watʃ] 와취 | 손목시계 |
| clock [klak] 클락 | 탁상시계, 벽시계 |

먼저, 이 단원의 핵심내용인 다음의 사항을 참고해 보세요.
– 아래의 우리말을 영어로 말하거나 쓸 수 있나요?

**1. 이 사람은 디자이너 입니다.**

_____

**2. 저것은 컴퓨터가 아닙니다.**

_____

**3. 저 사람은 스미스씨 입니다.**

_____

▶ 위의 세 가지 우리말을 영어로 말하거나 쓸 수 있다면 다음 단원으로 넘어가도 좋습니다.

▶ 만약, 그렇지 못하면 다음 페이지로 넘어가 더 자세한 내용을 익혀야 합니다.

# CHAPTER TEN (10)

| 이것은 책이다. | (우리말 순서) |
|---|---|
| 이것은 이다　　　　책 | (영어 순서) |
| This is　　　　a book | (영어 순서) |

## STEP I  영순 - 기본문형 이해하기

▶▶ 가까이 있는 사물(이것)이나 사람(이 사람)을 가리킬 때는 "this"를 쓰고, 멀리 있는 사물(저것)이나 사람(저 사람)을 가리킬 때는 "that"를 씁니다.

**영순 1**

1. "이것은 이다 ~" 의 영어표현은 "This is ~."

| 이것은 이다 | 책 |
|---|---|
| This is | a book. |

2. "이 사람은 이다 ~" 의 영어표현도 "This is ~."

| 이 사람은 이다 | 스미스씨 |
|---|---|
| This is | Mr. Smith. |

**영순 2**

1. "저것은 이다 ~" 의 영어표현은 "That is ~."

| 저것은 이다 | 공책 |
|---|---|
| That is / That's | a notebook. |

※ That is의 줄임말은 That's입니다.

2. "저 사람은 이다 ~" 의 영어표현도 "That is ~."

| 저 사람은 이다 | 브라운양 |
|---|---|
| That's | Miss Brown. |

**영순 3**

▶▶ 위의 문장들을 부정하는 부정문으로 표현하려면 **be동사 뒤에** not를 붙입니다.

1.

| 이것은 아니다 | 컴퓨터 |
|---|---|
| This is not | a computer. |
| This isn't | |

※is not의 줄임말은 isn't입니다. 그리고 are not의 줄임말은 aren't이며, That is의 줄임말은 That's입니다. 영어로 대화를 할 때는 가급적 줄임말을 사용합니다.

2.

| 이 사람은 아니다 | 상인 |
|---|---|
| This is not | a merchant. |
| This isn't | |

3.

| 저것은 아니다 | 꽃 |
|---|---|
| That's not | a flower. |
| That isn't | |

4.

| 저 사람은 아니다 | 디자이너 |
|---|---|
| That's not | a designer. |
| That isn't | |

※이것, 이 사람(this), 저것, 저 사람(that)하고 가리키는 this, that를 지시대명사라고 합니다.

 **STEP II** 영순 - 기본문형 정리하기

| 우리말 | 영어 |
|---|---|
| 이것은 이다 ~ | This is ~ |
| 이것은 아니다 ~ | This isn't ~ |
| 이 사람은 이다 ~ | This is ~ |
| 이 사람은 아니다 ~ | This isn't ~ |
| 저것은 이다 ~ | That's ~ |
| 저것은 아니다 ~ | That isn't ~ |
| 저 사람은 이다 ~ | That's ~ |
| 저 사람은 아니다 ~ | That isn't ~ |

 **STEP III** 우리말 - 영순감각으로 익히기

⇨1. 아래의 영순을 막고 왼쪽 우리말 순서를 오른쪽 영순처럼 말해보세요. (3회)
⇨2. 왼쪽 우리말 순서를 막고, 영순을 말하면서 영순의 감각을 익혀보세요. (3회)

| 우리말 순서 | 영순 |
|---|---|
| 1. 이것은 책 이다. | 1. 이것은 이다 책 |
| 2. 이 사람은 요리사 이다. | 2. 이 사람은 이다 요리사 |
| 3. 이것은 공책이 아니다. | 3. 이것은 아니다 공책 |
| 4. 이 사람은 정비사가 아니다. | 4. 이 사람은 아니다 정비사 |
| 5. 저것은 컴퓨터 이다. | 5. 저것은 이다 컴퓨터 |
| 6. 저 사람은 디자이너 이다. | 6. 저 사람은 이다 디자이너 |
| 7. 저것은 꽃이 아니다. | 7. 저것은 아니다 꽃 |
| 8. 저 사람은 상인이 아니다. | 8. 저 사람은 아니다 상인 |

## STEP IV  영순 – 기본문형 더 익히기

⇨ 1. 아래의 영어문장을 막고 우리말을 영어로 말해 보세요.
⇨ 2. 아래의 우리말을 막고 영어를 왼쪽의 우리말 순서로 말해 보세요.

| | |
|---|---|
| 1. **이것은** 입니다 책 | 1. **This** is a book. |
| 2. **이것은** 입니다 공책 | 2. **This** is a notebook. |
| 3. **이것은** 입니다 컴퓨터 | 3. **This** is a computer. |
| 4. **이것은** 입니다 꽃 | 4. **This** is a flower. |
| 5. **이것은** 입니다 손목시계 | 5. **This** is a watch. |
| | |
| 6. **이 사람은** 입니다 스미스씨 | 6. **This** is Mr. Smith. |
| 7. **이 사람은** 입니다 브라운양 | 7. **This** is Miss Brown. |
| 8. **이 사람은** 입니다 디자이너 | 8. **This** is a designer. |
| 9. **이 사람은** 입니다 요리사 | 9. **This** is a cook. |
| 10. **이 사람은** 입니다 정비사 | 10. **This** is a mechanic. |
| | |
| 11. **저것은** 입니다 공책 | 11. **That's** a notebook. |
| 12. **저것은** 입니다 연필 | 12. **That's** a pencil. |
| 13. **저것은** 입니다 컴퓨터 | 13. **That's** a computer. |
| 14. **저것은** 입니다 손목시계 | 14. **That's** a watch. |
| 15. **저것은** 입니다 벽시계 | 15. **That's** a clock. |
| | |
| 16. **저 사람은** 입니다 스미스씨 | 16. **That's** Mr. Smith. |
| 17. **저 사람은** 입니다 브라운양 | 17. **That's** Miss Brown. |
| 18. **저 사람은** 입니다 요리사 | 18. **That's** a cook. |
| 19. **저 사람은** 입니다 상인 | 19. **That's** a merchant. |

20. **이것은** 아니다 꽃
21. **이것은** 아니다 지갑
22. **이것은** 아니다 핸드백
23. **이것은** 아니다 강아지

20. **This** isn't a flower.
21. **This** isn't a wallet.
22. **This** isn't a purse.
23. **This** isn't a dog.

24. **이 사람은** 아니다 스미스씨
25. **이 사람은** 아니다 브라운양
26. **이 사람은** 아니다 디자이너
27. **이 사람은** 아니다 정비사

24. **This** isn't Mr. Smith.
25. **This** isn't Miss Brown.
26. **This** isn't a designer.
27. **This** isn't a mechanic.

28. **저것은** 아니다 공책
29. **저것은** 아니다 컴퓨터
30. **저것은** 아니다 손목시계
31. **저것은** 아니다 벽시계

28. **That** isn't a notebook.
29. **That** isn't a computer.
30. **That** isn't a watch.
31. **That** isn't a clock.

32. **저 사람은** 아니다 스미스씨
33. **저 사람은** 아니다 브라운양
34. **저 사람은** 아니다 상인
35. **저 사람은** 아니다 요리사

32. **That's** not Mr. Smith.
33. **That's** not Miss Brown.
34. **That's** not a merchant.
35. **That's** not a cook.

※ 버스에서, 지하철에서, 걸으면서 틈날 때마다 계속 소리 내어 반복 익히세요. 생각만하면 입에서 나와야 회화가 됩니다. 천천히, 그리고 끈질기게 반복합니다. 소리 내어 반복연습하면 영어문장순서(영순)가 입에서 자연스럽게 나올 것입니다.

**Be동사와 함께**

간단 회화  마디 (5)

무슨 뜻일까요?
(먼저 생각해 보고 아래 우리말 뜻을 확인해 보세요)

1. He's all smiles. _____
2. I'm all ears. _____
3. She's all talks. _____

▶ 위의 각 문장의 주어를 여러가지로 바꾸어 말해 보세요.
▶ 위의 각 문장을 부정문이나 의문문으로 바꾸어 말해 보세요.

① 그는 얼굴에 미소를 띠고 있다.
② 나는 귀담아 듣고 있다.
③ 그녀는 말만 앞선다.

|기본 어휘 (VOCABULARY) 챙기기|

eleven [ilévn] 일레븐     11, 열하나
dictionary [díkʃənəri] 딕셔너뤼     사전
novel [návl] 나블     소설
newspaper [njúːspeipər] 뉴-스페이퍼ㄹ     신문
painter [péintər] 페인터ㄹ     화가
lawyer [lɔ́jər] 로이여ㄹ     변호사

먼저, 이 단원의 핵심내용인 다음의 사항을 참고해 보세요.
– 아래의 우리말을 영어로 말하거나 쓸 수 있나요?

**1. 이것은 소설 입니까?**

_____

**2. 저 사람은 화가 입니까?**

_____

**3. 저것은 지갑입니까?**

_____

▶ 위의 세 가지 의문문과 그 대답을 영어로 말하거나 쓸 수 있다면 다음 단원으로 넘어가도 좋습니다.
▶ 만약, 그렇지 못하면 다음 페이지로 넘어가 더 자세한 내용을 익혀야 합니다.

# CHAPTER ELEVEN (11)

| 이것은 사전입니까? | | (우리말 순서) |
|---|---|---|
| 이것은 입니까 | 사전 | (영어 순서) |
| Is this | a dictionary? | (영어 순서) |

## STEP I  영순 - 기본문형 이해하기

▶ 앞 단원에서 "이것은 이다 ~."(긍정문), "이것은 아니다 ~."(부정문), "저것은 이다 ~.", "저것은 아니다 ~."처럼 긍정표현(긍정문)과 부정표현(부정문)을 공부했습니다.

▶▶ 오늘은 "이것은 입니까~?", "저것은 ~ 입니까?"와 같이 물어보는 **의문문과 대답**하는 표현법을 공부합니다.

### 영순 1

1.
| 이것은 이다 | 컴퓨터 | 긍정문 |
|---|---|---|
| This is | a computer. ↘ | |

⇩

2.
| 이것은 입니까 | 컴퓨터? | 의문문 |
|---|---|---|
| Is this | a computer? ↗ | |

※ 문장속의 be동사(am, are, is)가 주어 앞으로 나오면 의문문(~입니까?)이 됩니다. 그리고 문장 끝에 ? 쿠웨스쳔 마크(question mark-의문부호)를 붙여야죠.

**영순 2**

1. | 저것은 입니다 | 지갑 | 긍정문 |
   |---|---|---|
   | That is = That's | a wallet.↘ | |

   ⇩

2. | 저것은 입니까 | 지갑? | 의문문 |
   |---|---|---|
   | Is that | a wallet?↗ | |

※ 긍정문의 문장 끝은 내려읽고, 의문문은 문장 끝은 올려 읽습니다.

**영순 3** 의문문에는 대답을 해야겠죠?

1. | 이것은 입니까 | 컴퓨터? |
   |---|---|
   | Is this | a computer?↗ |

   — | 네, | 그렇습니다. |
     |---|---|
     | Yes, | it is. |

   — | 아니오, | 그렇지 않습니다. |
     |---|---|
     | No, | it is not.<br>=it's not. |

   ※ it is의 줄임말은 it's.

2. | 저것은 입니까 | 지갑? |
   |---|---|
   | Is that | a wallet?↗ |

   — | 네, | 그렇습니다. |
     |---|---|
     | Yes, | it is. |

   — | 아니오, | 그렇지 않습니다. |
     |---|---|
     | No, | it is not.<br>=it's not. |

   ※ this나 that로 묻는 의문문의 대답의 주어는 it로 합니다.

3. | 이 사람은 입니까 | 화가? |
   |---|---|
   | Is this | a painter?↗ |

CHAPTER ELEVEN Is this a dictionary?

|  | 네, | 그렇습니다. |
| --- | --- | --- |
| — | Yes, | it is. |

|  | 아니오, | 그렇지 않습니다. |
| --- | --- | --- |
| — | No, | it's not. |

4.
| 저 사람은 입니까 | 변호사? |
| --- | --- |
| Is that | a lawyer?↗ |

|  | 네, | 그렇습니다. |
| --- | --- | --- |
| — | Yes, | it is. |

|  | 아니오, | 그렇지 않습니다. |
| --- | --- | --- |
| — | No, | it's not. |

 STEP II  영순 - 기본문형 정리하기

| 우리말 | 영어 |
| --- | --- |
| 이것은 입니까 ~?<br>이 사람은 입니까 ~? | Is this ~? |
| - 네, 그렇습니다. | - Yes, it is. |
| - 아니오, 그렇지 않습니다. | - No, it's not. |
| 저것은 입니까 ~?<br>저 사람은 입니까 ~? | Is that ~? |
| - 네, 그렇습니다. | - Yes, it is. |
| - 아니오, 그렇지 않습니다. | - No, it's not. |

## STEP Ⅲ  우리말 - 영순감각으로 익히기

⇨1. 아래의 영순을 막고 왼쪽 우리말 순서를 오른쪽 영순처럼 말해보세요. (3회)
⇨2. 왼쪽 우리말 순서를 막고, 영순을 말하면서 영순의 감각을 익혀보세요. (3회)

| 우리말 순서 | 영 순 |
|---|---|
| 1. 이것은 컴퓨터입니까? | 1. 이것은 입니까 컴퓨터? |
| 2. 저것은 지갑입니까? | 2. 저것은 입니까 지갑? |
| 3. 이 사람은 화가입니까? | 3. 이 사람은 입니까 화가? |
| 4. 저 사람은 의사입니까? | 4. 저 사람은 입니까 의사? |
| 5. 그녀는 바이얼리니스트입니까? | 5. 그녀는 입니까 바이얼리니스트? |

## STEP Ⅳ  영순 - 기본문형 더 익히기

⇨ 1. 아래의 영어문장을 막고 우리말을 영어로 말해 보세요.
⇨ 2. 아래의 우리말을 막고 영어를 왼쪽의 우리말 순서로 말해 보세요.

1. **이것은 입니까** 컴퓨터?
   - 네, 그렇습니다.
   - 아니오, 그렇지 않습니다.
2. **이것은 입니까** 지갑?
   - 네, 그렇습니다.
   - 아니오, 그렇지 않습니다.
3. **이것은 입니까** 사전?
   - 네, 그렇습니다.
   - 아니오, 그렇지 않습니다.
4. **이것은 입니까** 소설?
   - 네, 그렇습니다.
   - 아니오, 그렇지 않습니다.

1. **Is this** a computer?
   – Yes, it is.
   – No, it isn't.
2. **Is this** a wallet?
   – Yes, it is.
   – No, it isn't.
3. **Is this** a dictionary?
   – Yes, it is.
   – No, it isn't.
4. **Is this** a novel?
   – Yes, it is.
   – No, it isn't.

5. 이것은 입니까 신문?
 – 네, 그렇습니다.
 – 아니오, 그렇지 않습니다.

6. 이 사람은 입니까 변호사?
 – 네, 그렇습니다.
 – 아니오, 그렇지 않습니다.

7. 이 사람은 입니까 화가?
 – 네, 그렇습니다.
 – 아니오, 그렇지 않습니다.

8. 이 사람은 입니까 간호사?
 – 네, 그렇습니다.
 – 아니오, 그렇지 않습니다.

9. 이 사람은 입니까 가수?
 – 네, 그렇습니다.
 – 아니오, 그렇지 않습니다.

10. 이 사람은 입니까 피아니스트?
 – 네, 그렇습니다.
 – 아니오, 그렇지 않습니다.

11. 저것은 입니까 컴퓨터?
 – 네, 그렇습니다.
 – 아니오, 그렇지 않습니다.

12. 저것은 입니까 지갑?
 – 네, 그렇습니다.
 – 아니오, 그렇지 않습니다.

5. **Is this** a newspaper?
 – Yes, it is.
 – No, it isn't.

6. **Is this** a lawyer?
 – Yes, it is.
 – No, it isn't.

7. **Is this** a painter?
 – Yes, it is.
 – No, it isn't.

8. **Is this** a nurse?
 – Yes, it is.
 – No, it isn't.

9. **Is this** a singer?
 – Yes, it is.
 – No, it isn't.

10. **Is this** a pianist?
 – Yes, it is.
 – No, it isn't.

11. **Is that** a computer?
 – Yes, it is.
 – No, it isn't.

12. **Is that** a wallet?
 – Yes, it is.
 – No, it isn't.

13. **저것은 입니까** 신문?
   - 네, 그렇습니다.
   - 아니오, 그렇지 않습니다.
14. **저것은 입니까** 소설?
   - 네, 그렇습니다.
   - 아니오, 그렇지 않습니다.
15. **저것은 입니까** 사전?
   - 네, 그렇습니다.
   - 아니오, 그렇지 않습니다.

16. **저 사람은 입니까** 미용사?
   - 네, 그렇습니다.
   - 아니오, 그렇지 않습니다.
17. **저 사람은 입니까** 바이얼리니스트?
   - 네, 그렇습니다.
   - 아니오, 그렇지 않습니다.
18. **저 사람은 입니까** 비서?
   - 네, 그렇습니다.
   - 아니오, 그렇지 않습니다.
19. **저 사람은 입니까** 은행원?
   - 네, 그렇습니다.
   - 아니오, 그렇지 않습니다.
20. **저 사람은 입니까** 주방장?
   - 네, 그렇습니다.
   - 아니오, 그렇지 않습니다.

13. **Is that** a newspaper?
   - Yes, it is.
   - No, it isn't.
14. **Is that** a novel?
   - Yes, it is.
   - No, it isn't.
15. **Is that** a dictionary?
   - Yes, it is.
   - No, it isn't.

16. **Is that** a hairdresser?
   - Yes, it is.
   - No, it isn't.
17. **Is that** a violinist?

   - Yes, it is.
   - No, it isn't.
18. **Is that** a secretary?
   - Yes, it is.
   - No, it isn't.
19. **Is that** a banker?
   - Yes, it is.
   - No, it isn't.
20. **Is that** a chef?
   - Yes, it is.
   - No, it isn't.

# CHAPTER TWELVE
## 12

|기본 어휘 (VOCABULARY) 챙기기|

twelve [twélv] 트웰ㅂ     12, 열둘
expensive [ikspénsiv] 익스펜십     값비싼
cheap [tʃiːp] 칲-     값싼
honest [áːnist] 아-니슽     정직한
baby [béibi] 베이비     애기
interesting [íntristiŋ] 인츠뤼스팅     재미있는
dull [dʌːl] 덜-     재미없는, 우둔한
outgoing [áutgouiŋ] 아웉고우잉     외향적인
cute [kjuːt] 큩-     귀여운

먼저, 이 단원의 핵심내용인 다음의 사항을 참고해 보세요.
- 아래의 우리말을 영어로 말하거나 쓸 수 있나요?

**1. 이 차는 비쌉니다.**

_____

**2. 저 가수는 결혼했습니까?**

_____

　-네, 했습니다.

_____

　-아니오, 안했습니다.

_____

**3. 저 학생은 활발합니다.**

_____

▶위의 세 가지 우리말을 영어로 말하거나 쓸 수 있다면 다음 단원으로 넘어가도 좋습니다.
▶만약, 그렇지 못하면 다음 페이지로 넘어가 더 자세한 내용을 익혀야 합니다.

# CHAPTER TWELVE (12)

| 이 차는 | 비싸다. | (영어 순서) |
|---|---|---|
| This car | is expensive. | (영어 순서) |

| 저 차는 | 싸다. | (영어 순서) |
|---|---|---|
| That car | is cheap. | (영어 순서) |

 STEP I  영순 - 기본문형 이해하기

▶ 앞 단원에서 다음의 표현들을 공부했습니다.
  "이것은 이다 ~" (This is ~)
  "저것은 이다 ~" (That's ~)
  "이것은 아니다 ~" (This is not ~)
  "저것은 아니다 ~" (That's not ~)
  "이것은 입니까 ~?" (Is this ~?)
  "저것은 입니까 ~?" (Is that ~?)처럼
  가까운 것(this)과 멀리 있는 것(that)을 가리키는 지시대명사를 공부했습니다.

▶▶ 오늘은 This, That 바로 뒤에 명사를 붙여 표현하는 공부입니다.
  이 책(this book), 이 학생(this student), 저 차(that car), 저 간호사(that nurse)

※ this, that 바로 뒤에 명사가 오면 "이것", "저것"이 아니고, "이~", "저~"로 해석합니다.

### 영순 1

1. | 이 차는 | 비싸다. |
   |---|---|
   | This car | is expensive. ↘ | 긍정문

   ※ 위 문장의 주어는 This car – 주어가 3인칭 단수이므로 be동사는 is.

2. | 이 차는 | 비싸지않다. |
   |---|---|
   | This car | isn't expensive. ↘ | 부정문

3. 이 차는 비쌉니까?
   Is this car expensive? ↗  의문문

   ※ 의문문은 be동사(am, are, is)를 주어 앞에 쓰지요.

   — | 네, | 그렇습니다. |
     |---|---|
     | Yes, | it is. |

   — | 아니오, | 그렇지 않습니다. |
     |---|---|
     | No, | it's not. |

### 영순 2

1. | 저 의사는 | 정직하다. |
   |---|---|
   | That doctor | is honest. ↘ | 긍정문

2. | 저 의사는 | 정직하지 않다. |
   |---|---|
   | That doctor | isn't honest. ↘ | 부정문

3. 저 의사는 정직합니까?
   Is that doctor honest? ↗  의문문

   — | 네, | 그렇습니다. |
     |---|---|
     | Yes, | he is. |

   — | 아니오, | 그렇지 않습니다. |
     |---|---|
     | No, | he's not. |

4.

| 저 사람은 입니까 | 변호사? |
|---|---|
| Is that | a lawyer?↗ |

| | 네, | 그렇습니다. |
|---|---|---|
| — | Yes, | it is. |

| | 아니오, | 그렇지 않습니다. |
|---|---|---|
| — | No, | it's not. |

 **STEP Ⅱ**  영순 - 기본문형 정리하기

| this + 명사 | that + 명사 |
|---|---|
| this car (이 차) | that car (저 차) |
| this wallet (이 지갑) | that wallet (저 지갑) |
| this purse (이 핸드백) | that purse (저 핸드백) |
| this student (이 학생) | that student (저 학생) |
| this doctor (이 의사) | that doctor (저 의사) |
| this singer (이 가수) | that singer (저 가수) |

 **STEP Ⅲ**  영순 - 기본문형 더 익히기

⇨1. 아래의 영어문장을 막고 우리말을 영어로 말해보세요.
⇨2. 아래의 우리말을 막고 영어를 왼쪽의 우리말 순서로 말해보세요.

1. **이 차**는 비싸다.
2. **이 지갑**은 비싸다.
3. **이 핸드백**은 비싸다.
4. **이 학생**은 키가 작다.
5. **이 의사**는 정직하다.

1. **This car** is expensive.
2. **This wallet** is expensive.
3. **This purse** is expensive.
4. **This student** is short.
5. **This doctor** is honest.

6. 이 가수는 뚱뚱하다.　　6. **This singer** is heavy.

7. 저 차는 싸다.　　7. **That car** is cheap.
8. 저 지갑은 싸다.　　8. **That wallet** is cheap.
9. 저 핸드백은 싸다.　　9. **That purse** is cheap.
10. 저 학생은 키가 크다.　　10. **That student** is tall.
11. 저 의사는 정직하다.　　11. **That doctor** is honest.
12. 저 가수는 날씬하다.　　12. **That singer** is thin.

13. 이 차는 비쌉니까?　　13. Is **this car** expensive?
　– 네, 그렇습니다.　　　– Yes, it is.
　– 아니오, 그렇지 않습니다.　　– No, it's not.
　– 그것은 쌉니다.　　　– It's cheap.
14. 이 핸드백은 비쌉니까?　　14. Is **this purse** expensive?
　– 네, 그렇습니다.　　　– Yes, it is.
　– 아니오, 그렇지 않습니다.　　– No, it's not.
　– 그것은 쌉니다.　　　– It's cheap.
15. 이 가수는 결혼했습니까?　　15. Is **this singer** married?
　– 네, 그렇습니다.　　　– Yes, she is.
　– 아니오, 그렇지 않습니다.　　– No, she's not.
　– 그녀는 미혼입니다.　　– She's single.

16. 저 차는 쌉니까?　　16. Is **that car** cheap?
　– 네, 그렇습니다.　　　– Yes, it is.
　– 아니오, 그렇지 않습니다.　　– No, it's not.
　– 그것은 비쌉니다.　　– It's expensive.
17. 저 핸드백은 쌉니까?　　17. Is **that purse** cheap?
　– 네, 그렇습니다.　　　– Yes, it is.

- 아니오, 그렇지 않습니다.　　　 - No, it's not.
- 그것은 비쌉니다.　　　　　　 - It's expensive.

18. **저 학생**은 활발합니까?　　18. Is **that student** outgoing?
- 네, 그렇습니다.　　　　　　 - Yes, he is.
- 아니오, 그렇지 않습니다.　　 - No, he's not.
- 그는 내성적입니다.　　　　　 - He's shy.

19. **저 애기**는 귀엽습니까?　　19. Is **that baby** cute?
- 네, 그렇습니다.　　　　　　 - Yes, she is.
- 아니오, 그렇지 않습니다.　　 - No, she's not.
- 그녀는 못생겼습니다.　　　　 - She's ugly.

20. **저 소설**은 재미있습니까?　20. Is **that novel** interesting?
- 네, 그렇습니다.　　　　　　 - Yes, it is.
- 아니오, 그렇지 않습니다.　　 - No, it's not.
- 그것은 재미없습니다.　　　　 - It's dull.

**Be동사와 함께**

**간단 회화 마디 (6)**

무슨 뜻일까요?
(먼저 생각해 보고 아래 우리말 뜻을 확인해 보세요)

1. I'm in a hurry. _____
2. She's in a good shape. _____
3. We're in the same boat. _____

▶ 위의 각 문장의 주어를 여러가지로 바꾸어 말해 보세요.
▶ 위의 각 문장을 부정문이나 의문문으로 바꾸어 말해 보세요.

① 나는 급해.
② 그녀는 몸매 좋아.
③ 우리는 같은 입장이야.

# CHAPTER THIRTEEN
## 13

| 기본 어휘 (VOCABULARY) 챙기기 |

thirteen [θəːrtíːn] 써-틴     13, 열셋
husband [hʌ́zbənd] 하즈번ㄷ     남편
house [haus] 하우스     집
father [fáːrðər] 퓨-더ㄹ     아버지
wife [waif] 와잎     아내
president [prézidənt] 프뤠지던ㅌ     대통령
diligent [dilidʒənt] 딜리젼ㅌ     부지런한
umbrella [ʌmbrélə] 엄브뤨러     우산
apartment [əpáːrtmənt] 어팥-먼ㅌ     아파트
country [kʌ́ntri] 컨츠뤼     나라, 국가
company [kʌ́mpəni] 캄퍼니     사
temple [témpl] 템플     절
high [hai] 하이     높은
jacket [dʒǽkit] 좨킽     재킷
dress [dres] 즈뤠스     옷
skirt [skəːrt] 스컬-     치마
island [áilənd] 아일런ㄷ     섬
strong [strɔːŋ] 스츠롱     강한
elegant [éligənt] 엘리건ㅌ     우아한
cover [kʌ́vər] 카붜ㄹ     표지

먼저, 이 단원의 핵심내용인 다음의 사항을 참고해 보세요.
- 아래의 우리말을 영어로 말하거나 쓸 수 있나요?

**1. 너의 딸은 아름답다.**
_____

**2. 그녀의 남편은 부지런하다.**
_____

**3. 우리의 자녀들은 내성적이다.**
_____

▶ 위의 세 가지 우리말을 영어로 말하거나 쓸 수 있다면 다음 단원으로 넘어가도 좋습니다.
▶ 만약, 그렇지 못하면 다음 페이지로 넘어가 더 자세한 내용을 익혀야 합니다.

# CHAPTER THIRTEEN (13)

| 그녀는 나의 딸입니다. | | (우리말 순서) |
|---|---|---|
| 그녀는 입니다 | 나의 딸 | (영어 순서) |
| She's | my daughter. | (영어 순서) |

 **STEP I** 영순 - 기본문형 이해하기

▶▶ 오늘은 "**~의**"를 표현하는 **소유격** 공부입니다. 소유격은 전부 "**~의**"의 뜻으로 사람의 소유를 나타냅니다.

| 나의 | 책 | 당신의 | 차 | 그의 | 집 |
|---|---|---|---|---|---|
| my | book | your | car | his | house |

※소유격 뒤에는 꼭 명사(book, car, house…)가 옵니다. 안 오면 안 됩니다!!

**인칭대명사들(주격 / 소유격)**

| 인칭 | 단수/복수 | 주격 (~은, ~는, ~이, ~가) | 소유격 (~의) |
|---|---|---|---|
| 1 | 단수 | I (나는) | my (나의) |
|   | 복수 | We (우리는) | our (우리의) |
| 2 | 단수 | You (당신은) | your (당신의) |
|   | 복수 | You (당신들은) | your (당신들의) |
| 3 | 단수 | He (그는) | his (그의) |
|   |      | She (그녀는) | her (그녀의) |
|   |      | It (그것은) | its (그것의) |
|   | 복수 | They (그들은) | their (그들의) |

**영순 1**

1. ① 그녀는 이다 / 나의 딸
   She's / my daughter.

   ② 그는 이다 / 나의 아들
   He's / my son.

2. ① 이것은 이다 / 당신의 집
   This is / your house.

   ② 당신의 딸은 / 아름답다
   Your daughter / is beautiful.

3. ① 이것은 이다 / 그의 휴대폰
   This is / his cell phone.

   ② 그녀의 아버지는 / 부지런하다
   Her father / is diligent.

   ③ 그것의 지붕은 / 높다
   Its roof / is high.

4. ① 우리의 아이들은 / 키가 크다
   Our children / are tall.

   ② 미스터 리는 이다 / 우리의 선생님
   Mr.Lee is / our teacher.

5. ① 그들의 절은 있다 / 인천에
   Their temple / is in Incheon.

   ② 이것은 이다 / 그들의 교회
   This is / their church.

## STEP II  영순 - 기본문형 정리하기

| 소유격 | +명사 |
|---|---|
| my (나의) | car, house, father, husband… |
| your (너의) | mother, wife, teacher, bicycle… |
| his (그의) | apartment, doll, umbrella, jacket… |
| her (그녀의) | dress, skirt, blouse, earings… |
| its (그것의) | roof, cover, window, tail… |
| our (우리의) | children, computer, country, president… |
| their (그들의) | parents, company, house, temple… |

## STEP III  우리말 - 영순감각으로 익히기

⇨1. 아래의 영순을 막고 왼쪽 우리말 순서를 오른쪽 영순처럼 말해보세요. (3회)
⇨2. 왼쪽 우리말 순서를 막고, 영순을 말하면서 영순의 감각을 익혀보세요. (3회)

| 우리말 순서 | 영 순 |
|---|---|
| 1. 그녀는 나의 딸 이다. | 1. 그녀는 이다 나의 딸. |
| 2. 이것은 당신의 집 이다. | 2. 이것은 이다 당신의 집. |
| 3. 이것은 그의 휴대폰 이다. | 3. 이것은 이다 그의 휴대폰. |
| 4. 그녀의 아버지는 부지런하다. | 4. 그녀의 아버지는 부지런하다. |
| 5. Mr.Lee는 우리의 선생님 이다. | 5. Mr.Lee는 이다 우리의 선생님. |
| 6. 그들의 교회는 인천에 있다. | 6. 그들의 교회는 있다 인천에. |

## STEP IV  영순 - 기본문형 더 익히기

⇨1. 아래의 영어문장을 막고 우리말을 영어로 말해보세요.
⇨2. 아래의 우리말을 막고 영어를 왼쪽의 우리말 순서로 말해보세요.

1. 이것은 이다 **나의** 집
2. 저것은 이다 **나의** 차
3. 그것은 이다 **나의** 휴대폰
4. 이 사람은 이다 **나의** 아들
5. 이 사람은 이다 **나의** 남편
6. 저 사람은 이다 **나의** 아내
7. 그녀는 이다 **나의** 딸
8. 그는 이다 **나의** 선생님
9. 그것은 이다 **나의** 우산
10. 그들은 이다 **나의** 자녀들

11. **너의** 아파트는 크다
12. **너의** 애기는 귀엽다
13. **너의** 부모님들은 뚱뚱하시다
14. **당신의** 승용차는 작다
15. **당신의** 집은 낡았다
16. **당신의** 나라는 강하다

17. **그의** 아버지는 있다 중국에
18. **그의** 사전은 있다 책상 위에
19. **그의** 자녀들은 있다 미국에
20. **그의** 딸은 아름답다

21. 이것은 이다 **그녀의** 블라우스
22. 이것은 이다 **그녀의** 치마
23. 저것은 이다 **그녀의** 우산
24. 저것은 이다 **그녀의** 핸드백

25. **그것의** 지붕은 높다
26. **그것의** 꼬리는 길다

1. This is **my** house.
2. That's **my** car.
3. It's **my** cell phone.
4. This is **my** son.
5. This is **my** husband.
6. That's **my** wife.
7. She's **my** daughter.
8. He's **my** teacher.
9. They're **my** umbrella.
10. They're **my** children.

11. **Your** apartment is big.
12. **Your** baby is cute.
13. **Your** parents are heavy.
14. **Your** car is small.
15. **Your** house is old.
16. **Your** country is strong.

17. **His** father is in China.
18. **His** dictionary is on the desk.
19. **His** children are in America.
20. **His** daughter is beautiful.

21. This is **her** blouse.
22. This is **her** skirt.
23. That's **her** umbrella.
24. That's **her** purse.

25. **Its** roof is high.
26. **Its** tail is long.

27. **그것의** 표지는 노랗다
28. **우리의** 나라는 강하다
29. 독도는 이다 **우리의** 섬
30. **우리의** 대통령은 여자이다.

27. **Its** cover is yellow.
28. **Our** country is strong.
29. Dokdo is **our** island.
30. **Our** president is a woman.

**Be동사와 함께**

간단 회화  마디 (7)

## 무슨 뜻일까요?
(먼저 생각해 보고 아래 우리말 뜻을 확인해 보세요)

1. It's on sale. _____
2. It's for sale. _____
3. It's not for sale. _____

▶ 위의 각 문장의 주어를 여러가지로 바꾸어 말해 보세요.
▶ 위의 각 문장을 부정문이나 의문문으로 바꾸어 말해 보세요.

① 그것은 할인 판매 중에 있습니다.
② 그것은 판매용 물품 입니다.
③ 그것은 비매품 입니다.

# CHAPTER FOURTEEN
# 14

## |기본 어휘 (VOCABULARY) 챙기기|

fourteen [fɔ:rtí:n] 포-틴  14, 열넷
job [dʒab] 잡  직업
friend [frend] 프랜ㄷ  친구
necklace [néklis] 넥클리스  목걸이
dress [dres] 즈뤠스  옷
tie [tai] 타이  넥타이
hospital [háspitl] 하스피틀  병원
soccer [sákər] 사커ㄹ  축구
team [ti:m] 팀-  팀
company [kʌ́mpəni] 컴퍼니  회사
red [red] 뤠ㄷ  붉은색
small [smɔ:l] 스몰  작은
large [la:rdʒ] 라-쥐  큰
brown [braun] 브롸운  갈색
strong [strɔ:ŋ] 스츠롱  강한
food [fu:d] 풀  음식
delicious [dilíʃəs] 딜리셔스  맛있는
island [áilənd] 아일런ㄷ  섬

먼저, 이 단원의 핵심내용인 다음의 사항을 참고해 보세요.
- 아래의 우리말을 영어로 말하거나 쓸 수 있나요?

**1. 나의 딸의 남자친구는 미남이 아니다.**

―――――――――――――――――――――

**2. 저 화가의 그림은 비싸지 않습니다.**

―――――――――――――――――――――

**3. 나의 아버지의 회사는 부산에 있다.**

―――――――――――――――――――――

▶ 위의 세 가지 우리말을 영어로 말하거나 쓸 수 있다면 다음 단원으로 넘어가도 좋습니다.

▶ 만약, 그렇지 못하면 다음 페이지로 넘어가 더 자세한 내용을 익혀야 합니다.

# CHAPTER FOURTEEN (14)

| 나의 아버지의 직업은 택시운전자입니다. | (우리말 순서) |
|---|---|

| 나의 아버지의 직업은 입니다 | 택시운전자 | (영어 순서) |
|---|---|---|
| My father's jab | is a taxi-driver. | (영어 순서) |

 STEP I 영순 - 기본문형 이해하기

▶소유격(~의) - my(나의), your(당신의), his(그의), her(그녀의), its(그것의), our(우리의), their(그들의) 등을 앞과에 공부했습니다.
위의 것들은 1인칭, 2인칭, 3인칭을 가리키는 인칭대명사의 소유격이라고 하죠.

▶▶ 오늘은 **명사의 소유격** 표현을 공부합니다. "아버지의", "어머니의", "친구의" 처럼 명사를 **소유격(~의)**으로 표현하려면 **명사 뒤에** 's(어파스트로피 s)를 붙이면 됩니다.

즉  · 아버지의    → father's
     · 어머니의    → mother's
     · 친구의      → friend's
     · 남편의      → husband's
     · 아내의      → wife's
     · 아들의      → son's
     · 선생님의    → teacher's
     · 마이클의    → Michael's
     · Mr.브라운의 → Mr. Brown's

※ ' 표시가 문장 위에 있으면 **어파스트로피**라 하고 문장 아래 있으면 **코머**라고 하죠

### 영순 1

1. 나의 아버지의 승용차는 / 크다
   **My father's** car / is big.
   ※소유격 뒤에는 꼭 명사가 옵니다.

2. 너의 어머니의 핸드백은 / 비싸다
   **Your mother's** purse / is expensive.

3. Mr. Lee의 회사는 있다 / 대전에
   **Mr. Lee's** company is / in Daejeon.

4. 나의 아들의 학교는 있다 / 부산에
   **My son's** school is / in Busan.

5. 저것은 이다 / 나의 딸의 옷
   That's / **my daughter's** dress.

6. 무엇입니까 / 당신의 남편의 직업이
   What's / **your husband's** job?

7. 저것은 입니다 / 나의 선생님의 집
   That's / **my teacher's** house.

8. 그들은 이다 / 나의 아버지의 친구들
   They're / **my father's** friends.

9. 한국의 섬들은 / 아름답다
   **Korea's** islands / are beautiful.

10. 저 신사의 이름은 이다 / 댄 브라운
    **That gentleman's** name is / Dan Brown.

## STEP II  영순 - 기본문형 정리하기

| (명사의)소유격 | 명사 | (명사의)소유격 | 명사 |
|---|---|---|---|
| 아버지의<br>father's | 차<br>car | 아들의<br>son's | 핸드폰<br>cell phone |
| 아버지의<br>father's | 회사<br>company | 딸의<br>daughter's | 핸드백<br>purse |
| 아버지의<br>father's | 직업<br>job | Mr. Lee의<br>Mr. Lee's | 지갑<br>wallet |
| 어머니의<br>mother's | 옷<br>dress | 선생님의<br>teacher's | 넥타이<br>tie |
| 어머니의<br>mother's | 핸드백<br>purse | 한국의<br>Korea's | 축구팀<br>soccer team |

## STEP III  우리말 - 영순감각으로 익히기

⇨1. 아래의 영순을 막고 왼쪽 우리말 순서를 오른쪽 영순처럼 말해보세요. (3회)
⇨2. 왼쪽 우리말 순서를 막고, 영순을 말하면서 영순의 감각을 익혀보세요. (3회)

| 우리말 순서 | 영 순 |
|---|---|
| 1. 나의 아들의 학교는 부산에 있다. | 1. 나의 아들의 학교는 있다 부산에 |
| 2. 당신의 남편의 직업은 무엇입니까? | 2. 무엇입니까 당신의 남편의 직업이 |
| 3. Mr. Lee의 회사는 대전에 있다. | 3. Mr. Lee의 회사는 있다 대전에 |
| 4. 저 신사의 이름은 댄 브라운이다. | 4. 저 신사의 이름은 이다 댄 브라운 |
| 5. 당신의 남편의 직업이 무엇입니까? | 5. 무엇입니까 당신의 남편의 직업? |

## STEP Ⅳ 영순 - 기본문형 더 익히기

⇨1. 아래의 영어문장을 막고 우리말을 영어로 말해보세요.
⇨2. 아래의 우리말을 막고 영어를 왼쪽의 우리말 순서로 말해보세요.

1. **나의 아버지의** 차는 작다
2. **나의 아버지의** 직업은 이다 의사
3. **나의 아버지의** 회사는 있다 부산에

4. **너의 어머니의** 옷은 화려하다
5. **너의 어머니의** 목걸이는 비싸다
6. **너의 어머니의** 친구는 있다 서울에

7. **그의 아들의** 핸드폰은 낡았다
8. **그녀의 딸의** 핸드백은 빨간색이다

9. **Mr. Lee의** 지갑은 작다
10. **나의 선생님의** 넥타이는 갈색이다
11. **저 의사의** 병원은 있다 대전에

12. **한국의** 축구팀은 강력하다
13. **나의 아버지의** 차는 작지 않다
14. **너의 어머니의** 친구는 있지 않다 서울에

15. **그의 아들의** 학교는 있지 않다 부산에
16. **그녀의 딸의** 남자친구는 미남이 아니다

17. **나의 선생님의** 넥타이는 갈색이 아니다
18. **저 화가의** 그림은 비싸지 않다
19. **저 주방장의** 음식은 맛이 있지 않다
20. **김연아의** 남자친구는 키가 작지 않다

1. **My father's** car is small.
2. **My father's** job is a doctor.
3. **My father's** company is in Busan.

4. **Your mother's** dress is fancy.
5. **Your mother's** necklace is expensive.
6. **Your mother's** friend is in Seoul.

7. **His son's** cell phone is old.
8. **Her daughter's** purse is red.

9. **Mr. Lee's** wallet is small.
10. **My teacher's** tie is brown.
11. **That doctor's** hospital is in Daejeon.

12. **Korea's** soccer team is strong.
13. **My father's** car isn't small.
14. **Your mother's** friend isn't in Seoul.

15. **His son's** school isn't in Busan.
16. **Her daughter's** boy friend isn't handsome.

17. **My teacher's** tie isn't brown.
18. **That painter's** picture isn't expensive.
19. **That chef's** food isn't delicious.
20. **Kim Yuna's** boyfriend isn't short.

CHAPTER FOURTEEN  My father's jab is a taxi-driver | 117

# CHAPTER FIFTEEN
## 15

|기본 어휘 (VOCABULARY) 챙기기|

fifteen [fiftí:n] 퓧틴-    15, 열다섯
who [hu:] 후-    누구
what [wat] 왙    무엇
name [neim] 네임    이름
aunt [a:nt] 안ㅌ    아주머니, 이모, 숙모, 고모
magazine [mægədzín] 매거진    잡지
uncle [ʌ́ŋkl] 엉클    아저씨, 삼촌, 외삼촌, 이모부
brother [brʌðər] 브류더ㄹ    형제
sister [sístər] 씨스터ㄹ    자매
bicycle [báisikl] 바이시클    자전거
motorcycle [mɔ́:təsaikl] 모-터사이클    오토바이
drawing [drɔ:iŋ] 즈로-잉    그림그리기
driving [dráiviŋ] 즈롸이빙    운전
barber [báːrbər] 바-버ㄹ    이발사
hobby [hábi] 하비    취미

먼저, 이 단원의 핵심내용인 다음의 사항을 참고해 보세요.
- 아래의 우리말을 영어로 말하거나 쓸 수 있나요?

**1. 저 신사는 누구입니까?**

**2. 당신의 아내의 취미는 무엇입니까?**

**그녀의 취미는 요리입니다.**

**3. 그의 아버지의 직업은 무엇입니까?**

**그의 직업은 택시운전자입니다.**

▶ 위의 세 가지 우리말을 영어로 말하거나 쓸 수 있다면 다음 단원으로 넘어가도 좋습니다.
▶ 만약, 그렇지 못하면 다음 페이지로 넘어가 더 자세한 내용을 익혀야 합니다.

# CHAPTER FIFTEEN (15)

| 당신은 누구입니까? | (우리말 순서) |
|---|---|
| 누구   입니까   당신은? | (영어 순서) |
| Who   are   you? | (영어 순서) |

| 저것은 무엇입니까? | (우리말 순서) |
|---|---|
| 무엇   입니까   저것은? | (영어 순서) |
| What   is   that? | (영어 순서) |

 **STEP I** 영순 - 기본문형 이해하기

▶ 앞 단원에서 공부한 의문문들은 어떤 내용을 조금 알고서 그것이 맞는지 틀리는지 확인 차 물어보는 의문문이였습니다. 그리고 그 대답이 맞으면 **네**(Yes), 틀리면 **아니요**(No)로 답하죠.

1. 
| 이것은 입니까 | 책 |
|---|---|
| Is this | a  book?↗ |

| 네, | 그렇습니다. |
|---|---|
| — Yes, | it  is. |

| 아니요, | 그렇지 않습니다. |
|---|---|
| — No, | it's  not. |

2.

| 당신은 입니까 | 가수? |
|---|---|
| Are you | a singer?↗ |

— 

| 네, | 그렇습니다. |
|---|---|
| Yes, | I am. |

—

| 아니요, | 그렇지 않습니다. |
|---|---|
| No, | I'm not. |

▶▶ 그런데 질문에는 어떤 내용을 전혀 모르고 "누구냐?(Who)", "무엇이냐?(What)" 라고 물어보는 경우의 영어문장을 오늘 공부해 봅니다.

"누구냐?" 라 물으려면 "Who"를 문장 제일 앞에 쓰고, "무엇이냐?" 라고 물으려면 "What"을 문장 제일 앞에 쓰며 그 뒤엔 be동사 (am, are, is)가 주어 앞으로 나오면 의문문이 됩니다. 여기 who, what을 의문사라 하며 이때 의문문은 끝을 내려 읽으며, 대답할 때는 Yes, No로 대답하지 않고 질문의 핵심을 대답합니다.

**영순 1**

1.

| 누구 | 입니까 당신은? |
|---|---|
| Who | are you?↘ |

—

| 나는 입니다 | 제임스 리 |
|---|---|
| I'm | James Lee. |

2.

| 누구 | 입니까 그녀는? |
|---|---|
| Who | is she?↘ |

= Who's she?

—

| 그녀는 입니다 | 나의 여동생 |
|---|---|
| She's | my sister. |

3. 누구 / 입니까 저 소년은?
Who is that boy?↘ = Who's that boy?

— 그는 입니다 / 탐
He's Tom.

**영순 2**

1. 무엇 / 입니까 당신의 이름은? = What's your name?
What is your name?↘

— 나의 이름은 입니다 / 마이클
My name is Michael.

2. 무엇 / 입니까 이것은?
What is this?↘ = What's this?

— 그것은 입니다 / 노트북컴퓨터
It's a notebook computer.

## STEP II  영순 - 기본문형 정리하기

| 의문사 Who + be + 주어? | | 의문사 What + be + 주어? | |
|---|---|---|---|
| Who's | he? | What's | he? |
| Who's | she? | What's | she? |
| Who | are you? | What's | it? |
| Who | am I? | What's | this? |
| Who's | that boy? | What's | that? |
| Who | are they? | What | are they? |

 **STEP III** 　우리말 - 영순감각으로 익히기

▷1. 아래의 영순을 막고 왼쪽 우리말 순서를 오른쪽 영순처럼 말해보세요. (3회)
▷2. 왼쪽 우리말 순서를 막고, 영순을 말하면서 영순의 감각을 익혀보세요. (3회)

| 우리말 순서 | 영 순 |
|---|---|
| 1. 당신은 누구입니까?<br>- 나는 제임스 리입니다. | 1. 누구입니까 당신은?<br>- 나는 입니다 제임스 리. |
| 2. 그녀는 누구입니까?<br>- 그녀는 나의 여동생입니다. | 2. 누구입니까 그녀는?<br>- 그녀는 입니다 나의 여동생. |
| 3. 저 소년은 누구입니까?<br>- 그는 탐입니다. | 3. 누구입니까 저 소년은?<br>- 그는 입니다 탐. |
| 4. 당신의 이름은 무엇입니까?<br>- 나의 이름은 마이클입니다. | 4. 무엇입니까 당신의 이름은?<br>- 나의 이름은 입니다 마이클. |
| 5. 이것은 무엇입니까?<br>- 그것은 노트북컴퓨터입니다. | 5. 무엇입니까 이것은?<br>- 그것은 입니다 노트북컴퓨터. |

 **STEP IV** 　영순 - 기본문형 더 익히기

▷1. 아래의 영어문장을 막고 우리말을 영어로 말해보세요.
▷2. 아래의 우리말을 막고 영어를 왼쪽의 우리말 순서로 말해보세요.

1. **누구**입니까 당신은?
   - 나는 입니다 제임스리
2. **누구**입니까 그는?
   - 그는 입니다 마이클
3. **누구**입니까 그녀는?
   - 그녀는 입니다 쥬디의 숙모

1. Who are you?
   - I'm James Lee.
2. Who's he?
   - He's Michael.
3. Who's she?
   - She's Judy's aunt.

4. **누구**입니까 저 소년은?
   - 그는 입니다 그녀의 남동생
5. **누구**입니까 이 소녀는?
   - 그녀는 입니다 내 동생
6. **누구**입니까 그들은?
   - 그들은 입니다 내 자녀들

7. **누구**일까요 나는?
   - 당신은 입니다 마이클의 삼촌
8. **무엇**입니까 이것은?
   - 그것은 입니다 자전거
9. **무엇**입니까 저것은?
   - 그것은 입니다 오토바이
10. **무엇**입니까 그것은?
    - 그것은 입니다 잡지
11. **무엇**입니까 당신의 이름은?
    - 나의 이름은 입니다 캐빈
12. **무엇**입니까 그의 직업은?
    - 그의 직업은 입니다 이발사
13. **무엇**입니까 당신의 아버지의 직업은?
    - 그의 직업은 입니다 택시운전자
14. **무엇**입니까 당신의 취미는?
    - 나의 취미는 입니다 운전
15. **무엇**입니까 그녀의 취미는?
    - 그녀의 취미는 입니다 그림그리기

4. **Who** is that boy?
   - He's her brother.
5. **Who**'s this girl?
   - She's my sister.
6. **Who** are they?
   - They're my children.

7. **Who** am I?
   - You're Michael's uncle.
8. **What**'s this?
   - It's a bicycle.
9. **What**'s that?
   - It's a motorcycle.
10. **What**'s it?
    - It's a magazine.
11. **What**'s your name?
    - My name is Kevin.
12. **What**'s his job?
    - His job is a barber.
13. **What**'s your father's job?
    - His job is a taxi driver.
14. **What**'s your hobby?
    - My hobby is driving.
15. **What**'s her hobby?
    - Her hobby is drawing.

**Be동사와 함께**

**간단 회화 마디 (8)**

무슨 뜻일까요?
(먼저 생각해 보고 아래 우리말 뜻을 확인해 보세요)

1. That's all. _____
2. That's all right. _____
3. That's enough. _____

▶ 위의 각 문장의 주어를 여러가지로 바꾸어 말해 보세요.
▶ 위의 각 문장을 부정문이나 의문문으로 바꾸어 말해 보세요.

① 이게 전부야.
② 괜찮아.
③ 그만하면 충분해.

# CHAPTER SIXTEEN
## 16

|기본 어휘 (VOCABULARY) 챙기기|

sixteen [sikstíːn]　　　　16, 열여섯
eskimo [éskimou]　　　　에스키모인
engineer [endʒiníər]　　　기술자, 엔지니어
apron [éiprən]　　　　　　앞치마
iron [áiən]　　　　　　　　다리미
angel [éindʒəl]　　　　　　천사
umbrella [ʌmbrélə]　　　　우산

※ 16단원부터는 발음기호 옆에 한글로 발음표시를 하지 않습니다. 앞에서 말했듯이 계속 한글을 보고 발음하게 되면 정작 영어를 보고 읽지 못하게 되므로 이제부터는 번거로워도 사전의 단어를 찾아 발음하는 연습을 해야 합니다. 핸드폰의 사전찾기를 이용하여 내가 발음하는 것과 원어민의 발음소리를 들어보고 비교해 보면 좋겠습니다.

먼저, 이 단원의 핵심내용인 다음의 사항을 참고해 보세요.
– 아래의 우리말을 영어로 말하거나 쓸 수 있나요?

**1. 그는 가수가 아닙니다.**
_____

**2. 저것은 우산입니다.**
_____

**3. 그녀는 천사입니다.**
_____

▶ 위의 세 가지 우리말을 영어로 말하거나 쓸 수 있다면 다음 단원으로 넘어가도 좋습니다.
▶ 만약, 그렇지 못하면 다음 페이지로 넘어가 더 자세한 내용을 익혀야 합니다.

# CHAPTER SIXTEEN (16)

| 나는 선생님 입니다. | (우리말 순서) |
|---|---|

| 나는 입니다 | 선생님 | (영어 순서) |
|---|---|---|
| I'm | a teacher. | (영어 순서) |

| 당신은 천사입니다. | (우리말 순서) |
|---|---|

| 당신은 입니다 | 천사 | (영어 순서) |
|---|---|---|
| You're | an angel. | (영어 순서) |

## STEP 1   영순 - 기본문형 이해하기

▶ 지금까지 공부해오면서 아래의 문장들처럼 명사 앞에 a가 쓰여 있는 문장을 많이 보아왔습니다.

1. 
| 나는 입니다 | 선생님 |
|---|---|
| I'm | a teacher. |

2. 
| 당신은 입니다 | 의사 |
|---|---|
| You're | a doctor. |

3. 
| 이것은 이다 | 컴퓨터 |
|---|---|
| This is | a computer. |

4. 
| 그녀는 아니다 | 가수 |
|---|---|
| She's not | a singer. |

5.

| 그는 입니까 | 피아니스트? |
|---|---|
| Is he | a pianist? |

**영 순** ▶▶ 그런데 명사 앞에 an을 쓰기도 하죠.

1.

| 이것은 이다 | 달걀 |
|---|---|
| This is | an egg. |

2.

| 그녀는 이다 | 천사 |
|---|---|
| She is | an angel. |

3.

| 저것은 이다 | 사과 |
|---|---|
| That's | an apple. |

※명사의 수가 하나(단수)이면 명사 앞에 a나 an을 습관적으로 쓰며 굳이 우리말로 해석하지 않습니다. 명사가 단수임을 나타내기 위해 쓸 뿐입니다. (a, an의 여러 가지 뜻을 내는 경우가 있는데 뒤 관사 편에서 자세히 설명합니다.)

▶ 명사 앞에 a와 an을 어떻게 구분하여 쓰는가?

1. 명사 발음의 첫 글자가 자음이면 그 명사 앞에 a를 쓰죠.
   a book [buk], a teacher [tíːtʃər], a computer [kʌmpjúːtər]

2. 명사의 첫 발음이 모음이면 그 앞에 an을 씁니다.
   an egg [eg], an eskimo [éskimou], an angel [éindʒəl], an engineer [èndʒiníər]

▶▶ 지금까지 a와 an이 쓰이는 차이를 설명했습니다. 자! 여기서 조심! **특히 an의 발음에 유의해야 합니다.** an을 [언]으로 발음하지 않고, an의 a를 [어]로 발음하고 n은 뒤 단어의 첫 모음과 붙여 발음합니다.

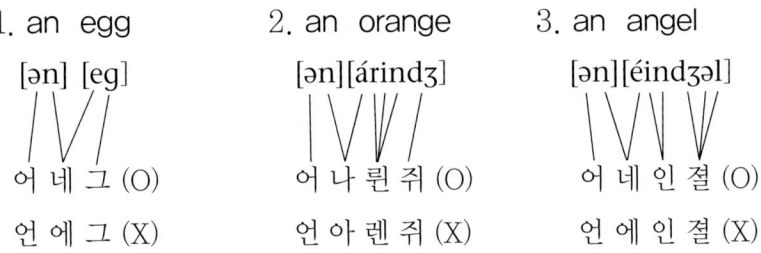

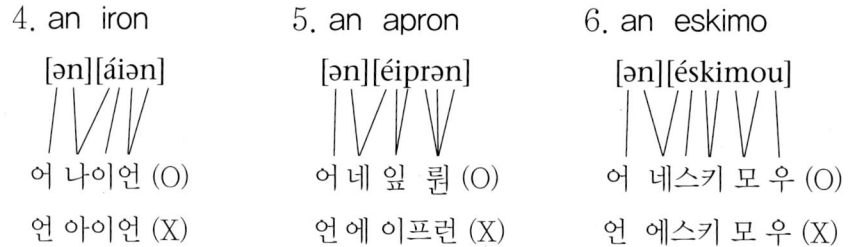

4. an iron  
   [ən][áiən]  
   어 나이언 (O)  
   언 아이언 (X)

5. an apron  
   [ən][éiprən]  
   어 네 잎 륀 (O)  
   언 에 이프런 (X)

6. an eskimo  
   [ən][éskimou]  
   어 네스키 모 우 (O)  
   언 에스키 모 우 (X)

잠깐! 모음이 몇 개죠? 다섯 개 (a, e, i, o, u). 그런데 모음이 또 있네요. 다섯 개-[ɔ, ə, æ, ɛ, ʌ]. 이 다섯 개 모음 [ɔ 오], [ə 어], [æ 애], [ɛ 애], [ʌ 어]은 더 자세하고 정확한 발음을 하려고 추가된 모음으로 **오로지 [발음기호]안에서만 존재**합니다. 단어에서는 쓰이지 않죠. 이제부터, 모음을 10개로 알아두어야 합니다.

- 다음 명사들 앞에 쓴 **an**은 왜 일까요?

  명사의 첫 발음이 발음기호 속에서만 존재하는 모음일때에도 an을.

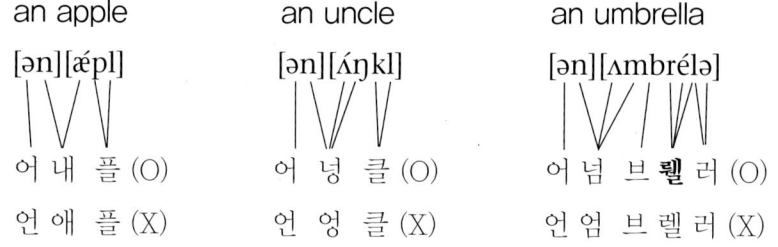

an apple  
[ən][ǽpl]  
어 내 플 (O)  
언 애 플 (X)

an uncle  
[ən][ʌ́ŋkl]  
어 넝 클 (O)  
언 엉 클 (X)

an umbrella  
[ən][ʌmbrélə]  
어 넘 브 뤨 러 (O)  
언 엄 브 렐 러 (X)

※ 발음기호 속에서만 살아야하는 불쌍한 다섯개의 모음들-ɔ(오), ə(어), æ(애), ɛ(애), ʌ(어)를 꼭 익혀두세요.

## STEP II  영순 - 기본문형 정리하기

| a + 자음시작명사 | an + 모음시작명사 |
|---|---|
| a student | an apple |
| a painter | an egg |
| a nurse | an orange |
| a cook | an angel |
| a chef | an apron |
| a farmer | an iron |
| a cell phone | an eskimo |
| a flower | an engineer |
| a wallet | |
| a clock | |

## STEP III  영순 - 기본문형 더 익히기

⇨ 1. 아래의 영어문장을 막고 우리말을 영어로 말해보세요.
⇨ 2. 아래의 우리말을 막고 영어를 왼쪽의 우리말 순서로 말해보세요.

1. 나는 입니다 선생님
2. 당신은 입니다 의사
3. 이것은 이다 컴퓨터
4. 그녀는 아닙니다 가수
5. 그는 아니다 피아니스트
6. 그는 아니다 애기
7. 그것은 입니까 휴대폰?
8. 당신은 입니까 버스운전자?

1. I'm a teacher.
2. You're a doctor.
3. This is a computer.
4. She's not a singer.
5. He's not a pianist.
6. He's not a baby.
7. Is it a cell phone?
8. Are you a bus driver?

| | |
|---|---|
| 9. 그녀는 입니까 미용사? | 9. Is she **a** hairdresser? |
| 10. 저 사람은 입니까 택시운전자? | 10. Is that **a** taxi driver? |
| 11. 그것은 입니다 사과 | 11. It's **an** apple. |
| 12. 그는 입니다 삼촌 | 12. He's **an** uncle. |
| 13. 저것은 이다 달걀 | 13. That's **an** egg. |
| 14. 이것은 이다 오렌지 | 14. This is **an** orange. |
| 15. 그녀는 이다 천사 | 15. She's **an** angel. |
| 16. 이것은 아니다 앞치마 | 16. This isn't **an** apron. |
| 17. 저것은 아니다 다리미 | 17. That's not **an** iron. |
| 18. 저 사람은 아니다 에스키모인 | 18. That's not **an** eskimo. |
| 19. 이것은 입니까 이브닝드레스? | 19. Is this **an** evening dress? |
| 20. 그는 입니까 기술자? | 20. Is he **an** engineer? |
| 21. 저것은 입니까 우산? | 21. Is that **an** umbrella? |
| 22. 그것은 입니까 오렌지? | 22. Is it **an** orange? |

### Be동사와 함께 간단 회화 3마디 (9)

## 무슨 뜻일까요?
(먼저 생각해 보고 아래 우리말 뜻을 확인해 보세요)

1. It's nonsense. _____
2. It's my pleasure. _____
3. It's my turn. _____

▶ 위의 각 문장의 주어를 여러가지로 바꾸어 말해 보세요.
▶ 위의 각 문장을 부정문이나 의문문으로 바꾸어 말해 보세요.

① 그것은 말도 안돼.
② 그건 내가 좋아서 하는 일이야.
③ 그건 내 차례야.

# CHAPTER SEVENTEEN
## 17

|기본 어휘 (VOCABULARY) 챙기기|

**seventeen** [sevntí:n]  17, 열일곱
**these** [ði:z]  이것들, 이 사람들 (this의 복수형)
**those** [ðouz]  저것들, 저 사람들 (that의 복수형)
**they** [ðei]  그것들, 그들 (He, She, It의 복수형)
**train** [trein]  기차, 열차

먼저, 이 단원의 핵심내용인 다음의 사항을 참고해 보세요.
- 아래의 우리말을 영어로 말하거나 쓸 수 있나요?

**1. 그는 나의 친구입니다.**

**2. 그들은 나의 친구입니다.**

**3. 당신들은 경찰관입니까?**

　네, 그렇습니다.

　아니오, 그렇지 않습니다.

**4. 저것들은 당신의 우산입니까?**

　네, 그렇습니다.

　아니오, 그렇지 않습니다.

▶ 위의 세 가지 우리말을 영어로 말하거나 쓸 수 있다면 다음 단원으로 넘어가도 좋습니다.
▶ 만약, 그렇지 못하면 다음 페이지로 넘어가 더 자세한 내용을 익혀야 합니다.

# CHAPTER SEVENTEEN (17)

| 그는 나의 친구 이다. | (우리말 순서) |
|---|---|

| 그는 이다 | 나의 친구 | (영어 순서) |
|---|---|---|
| He's | my friend. | (영어 순서) |

| 그들은 나의 친구들 이다. | (우리말 순서) |
|---|---|

| 그들은 이다 | 나의 친구들 | (영어 순서) |
|---|---|---|
| They're | my friend. | (영어 순서) |

 STEP I  영순 - 기본문형 이해하기

▶ 영어에서는 단수와 복수의 구분이 철저합니다. 즉 명사나 대명사, 그리고 동사의 세 가지에서 단수, 복수의 표현을 꼭 구분해야 합니다.

※ 이미 인칭대명사의 단수, 복수를 앞에서 공부했습니다.

| 인칭대명사 | 1인칭 | 단수 | I (나) | am |
|---|---|---|---|---|
| | | 복수 | We (우리들) | are |
| | 2인칭 | 단수 | You (당신) | are |
| | | 복수 | You (당신들) | are |
| | 3인칭 | 단수 | He (그) | is |
| | | | She (그녀) | is |
| | | | It (그것) | is |
| | | 복수 | They (그들) | are |

※ 주어가 We, You, They처럼 복수이면 그 뒤 be동사는 꼭 are(복수형) 입니다.

▶▶ 인칭대명사의 복수형은 세 개!–We(우리들), You(당신들), They(그들, 그것들)! 이것들이 주어로 쓰이면 그 뒤에 따르는 **동사**도, **명사**도 **복수형**으로 표현합니다.

**영순 1**

1. | 나는 이다 | 학생 |
   |---|---|
   | I'm | a student. | (단수)

   ⇩

2. | 우리는 이다 | 학생들 |
   |---|---|
   | We're | students. | (복수)

※명사의 복수형은 명사 뒤에 s나 es를 붙이죠. 물론 명사 앞에 관사 a(an)은 쓰지 않습니다.

**영순 2**

1. | 당신은 이다 | 의사 |
   |---|---|
   | You're | a doctor. | (단수)

   ⇩

2. | 당신들은 이다 | 의사들 |
   |---|---|
   | You're | doctors. | (복수)

**영순 3**

1. | 그는 이다 | 나의 친구 |
   |---|---|
   | He's | my friend. | (단수)

   ⇩

2. | 그들은 이다 | 나의 친구들 |
   |---|---|
   | They're | my friends. | (복수)

**영순 4**

1. | 그녀는 이다 | 가수 |
   |---|---|
   | She's | a singer. | (단수)

   ⇩

2. | 그들은 이다 | 가수들 |
   |---|---|
   | They're | singers. | (복수)

CHAPTER SEVENTEEN He's my friend | **137**

**영순 5**

1. | 그것은 이다 | 나의 자전거 |
   |---|---|
   | It's | my bicycle. | (단수)

   ⇩

2. | 그것들은 이다 | 나의 자전거들 |
   |---|---|
   | They're | my bicycles. | (복수)

※ He, She, It의 복수형 They(그들)는 남자, 여자, 사물을 가리키죠.

**영순 6**

1. | 이것은 이다 | 그녀의 지갑 |
   |---|---|
   | This is | her wallet. |

※ 위의 지갑은 단수이므로 앞에 a를 써야하지만 소유격 앞.뒤에는 a(an)를 쓰지 않습니다.

⇩

2. | 이것들은 이다 | 그녀의 지갑 |
   |---|---|
   | These are | her wallets. |

※ 위의 주어(These)는 This(이것-단수)의 복수형이므로 자동으로 뒤 명사 wallet도 복수형(wallets)으로.

**영순 7**

1. | 저것은 이다 | 자전거 |
   |---|---|
   | That's | a bicycle. | (단수)

   ⇩

2. | 저것들은 이다 | 자전거들 |
   |---|---|
   | Those are | bicycles. | (복수)

※ 단수 That(저것)의 복수형은 Those(저것들).
※ 주어가 복수형이면 그 뒤 be동사도 복수형 are를 써야합니다.

**영순 8**

| 이것들 입니까 | 당신의 우산들? |
|---|---|
| Are these | you umbrellas? ↗ |

| 네 | 그렇습니다. | | 아니오 | 그렇습니다. |
|---|---|---|---|---|
| — Yes, | they are. | — | No, | they're not |

※ these, those가 주어일때 대답은 they로 받는다.

## 영순 보충강의

※1. 3인칭 단수 He, She, It의 복수형은 공통으로 They.
※2. 3인칭 단수 This의 복수형은 These, That의 복수형은 Those.

| 3인칭 단수형 | 3인칭 복수형 |
|---|---|
| He (그-남성) | → They (그들) |
| She (그녀-여성) | → They (그녀들) |
| It (그것-중성) | → They (그것들) |
| This (이것, 이 사람) | → These (이것들, 이 사람들) |
| That (저것, 저 사람) | → Those (저것들, 저 사람들) |

 STEP Ⅱ  영순 - 기본 문형 정리하기

| 인칭 | 단수 | 복수 |
|---|---|---|
| 1 | I'm a student. | We're students. |
| 2 | You're a doctor. | You're doctors. |
| 3 | He's a teacher. | They're teachers. |
|   | She's a teacher. |   |
|   | It's a bicycle. | They're bicycles. |
|   | This is a car. | These are cars. |
|   | That's a train. | Those are trains. |

 STEP Ⅲ  우리말 - 영순감각으로 익히기

⇨1. 아래의 영순을 막고 왼쪽 우리말 순서를 오른쪽 영순처럼 말해보세요. (3회)
⇨2. 왼쪽 우리말 순서를 막고, 영순을 말하면서 영순의 감각을 익혀보세요. (3회)

| 우리말 순서 | 영 순 |
|---|---|
| 1. 우리는 학생들 이다. | 1. 우리는 이다 학생들 |
| 2. 당신들은 의사들 이다. | 2. 당신들은 이다 의사들 |
| 3. 그들은 나의 친구들 이다. | 3. 그들은 이다 나의 친구들 |
| 4. 이것들은 그녀의 지갑들 이다. | 4. 이것들은 이다 그녀의 지갑들 |
| 5. 저것들은 자전거 이다. | 5. 저것들은 이다 자전거들 |

 **STEP IV** 영순 - 기본문형 더 익히기

⇨ 1. 아래의 영어문장을 막고 우리말을 영어로 말해보세요.
⇨ 2. 아래의 우리말을 막고 영어를 왼쪽의 우리말 순서로 말해보세요.

| | |
|---|---|
| 1. 나는 이다 학생 | 1. I'm a student. |
| 2. 우리는 이다 학생 | 2. We're students. |
| 3. 당신은 이다 의사 | 3. You're a doctor. |
| 4. 당신들은 이다 의사 | 4. You're doctors. |
| 5. 그는 이다 피아니스트 | 5. He's a pianist. |
| 6. 그들은 이다 피아니스트 | 6. They're pianists. |
| 7. 그녀는 이다 바이얼리니스트 | 7. She's a violinist. |
| 8. 그녀들은 이다 바이얼리니스트 | 8. They're violinists. |
| 9. 그것은 이다 나의 지갑 | 9. It's my wallet. |
| 10. 그것들은 이다 나의 지갑 | 10. They're my wallets. |
| 11. 이것은 이다 노트북컴퓨터 | 11. This is a notebook computer. |
| 12. 이것들은 이다 노트북컴퓨터 | 12. These are notebook computers. |
| 13. 저것은 이다 휴대폰 | 13. That's a cell phone. |
| 14. 저것들은 이다 휴대폰 | 14. Those are cell phones. |
| 15. 이 사람은 이다 그의 삼촌 | 15. This is his uncle. |
| 16. 이 사람들은 이다 그의 삼촌들 | 16. These are his uncles. |
| 17. 저 사람은 이다 그녀의 숙모 | 17. That's her aunt. |
| 18. 저 사람들은 이다 그녀의 숙모들 | 18. Those are her aunts. |
| 19. 당신은 입니까 경찰관? | 19. Are you a police officer? |
|   - 네, 그렇습니다 |   - Yes, I am. |
|   - 아니요, 그렇지 않습니다 |   - No, I'm not. |

20. 당신들은 입니까 경찰관?
　- 네, 그렇습니다
　- 아니요, 그렇지 않습니다
21. 그는 입니까 변호사?
　- 네, 그렇습니다
　- 아니요, 그렇지 않습니다
22. 그들은 입니까 변호사?
　- 네, 그렇습니다
　- 아니요, 그렇지 않습니다
23. 그녀는 입니까 미용사?
　- 네, 그렇습니다
　- 아니요, 그렇지 않습니다
24. 그녀들은 입니까 미용사?
　- 네, 그렇습니다
　- 아니요, 그렇지 않습니다
25. 이것은 입니까 등가방?
　- 네, 그렇습니다
　- 아니요, 그렇지 않습니다
26. 이것들은 입니까 등가방?
　- 네, 그렇습니다
　- 아니요, 그렇지 않습니다

27. 저것은 입니까 우산?
　- 네, 그렇습니다
　- 아니요, 그렇지 않습니다
28. 저것들은 입니까 우산?
　- 네, 그렇습니다
　- 아니요, 그렇지 않습니다

20. Are you police officers?
　- Yes, we are.
　- No, we aren't.
21. Is he a lawyer?
　- Yes, he is.
　- No, he isn't.
22. Are they lawyers?
　- Yes, they are.
　- No, they aren't.
23. Is she a hairdresser?
　- Yes, she is.
　- No, she's not.
24. Are they hairdressers?
　- Yes, they are.
　- No, they aren't.
25. Is this a backpack?
　- Yes, it is.
　- No, it's not.
26. Are these backpacks?
　- Yes, they are.
　- No, they aren't.

27. Is that an umbrella?
　- Yes, it is.
　- No, it's not.
28. Are those umbrellas?
　- Yes, they are.
　- No, they're not.

# CHAPTER EIGHTEEN
# 18

## |기본 어휘 (VOCABULARY) 챙기기|

| | |
|---|---|
| eighteen [eitíːn] | 18, 열여덟 |
| wolf [wuːlf] | 늑대 |
| baby [béibi] | 아기 |
| knife [naif] | 칼 |
| wife [waif] | 아내 |
| handkerchief [hǽŋkətʃiːf] | 손수건 |
| lily [líli] | 백합 |
| diligent [dílidʒənt] | 부지런한 |
| monkey [mʌ́ŋki] | 원숭이 |
| day [dei] | 날 |
| tomato [təméitou] | 토마토 |
| potato [pətéitou] | 감자 |
| photo [fóutou] | 사진 |
| piano [piǽnou] | 피아노 |
| auto [ɔ́ːtou] | 자동차 |
| fast [fæst] | 빠른 |
| slow [slou] | 느린 |
| safe [seif] | 금고 |

먼저, 이 단원의 핵심내용인 다음의 사항을 참고해 보세요.
- 아래의 우리말을 영어로 말하거나 쓸 수 있나요?

**1. 저 벤치들은 더럽다.**

**2. 이것들은 당신의 칼입니까?**

　**네, 그렇습니다.**

　**아니오, 그렇지 않습니다.**

**3. 당신의 손수건은 비싸군요.**

**4. 저 원숭이들은 귀엽습니다.**

▶ 위의 네 가지 우리말을 영어로 말하거나 쓸 수 있다면 다음 단원으로 넘어가도 좋습니다.
▶ 만약, 그렇지 못하면 다음 페이지로 넘어가 더 자세한 내용을 익혀야 합니다.

CHAPTER EIGHTEEN This is a wolf

# CHAPTER EIGHTEEN (18)

| 이것은 늑대다 | (우리말 순서) |
|---|---|

| 이것은 이다 | 늑대 | (영어 순서) |
|---|---|---|
| This is | a wolf. | (영어 순서) |

| 이것들은 늑대다 | (우리말 순서) |
|---|---|

| 이것들은 이다 | 늑대들 | (영어 순서) |
|---|---|---|
| These are | wolves. | (영어 순서) |

 STEP 1  영순 - 기본문형 이해하기

▶ 앞 단원에서 인칭대명사의 복수형, be동사의 복수형 그리고 명사의 복수형-세 가지를 공부했습니다. 특히 명사의 단수형은 명사 앞에 「하나의」의 뜻인 a(an)을 쓰고, 복수형은 명사 뒤에 s를 붙인다고 했죠.

▶▶ 그런데 명사 뒤에 es를 붙이기도 합니다. 우리말에서는 명사의 복수표현은 "~들" 이라는 말을 붙이기도, 안 붙이기도 합니다. 그러나 영어는 엄격합니다. **명사가 단수이면 꼭 그 앞에 a(an)을 붙이고, 복수이면 명사 뒤에 s 나 es를 반드시, 반드시 붙입니다.**

[예] 1. 한 마리의 고양이 - a cat (단수)
    두 마리의 고양이 - two cats (복수)

2. 한 대의 승용차 – a car (단수)

   세 대의 승용차 – three cars (복수)

3. 한 명의 친구 – a friend (단수)

   다섯 명의 친구 – five friends (복수)

4. 한 명의 아기 – a baby (단수)

   두 명의 아기 – two babies (복수)

5. 한 마리의 늑대 – a wolf (단수)

   다섯 마리의 늑대 – five wolves (복수)

6. 한 개의 벤치 – a bench (단수)

   스무 개의 벤치 – twenty benches (복수)

※ 위의 cat, car, friend의 복수형은 그냥 그 뒤에 s만 붙였는데, baby, wolf, bench의 복수형은 그 뒤에 s만 붙인 게 아니라 뭔가 조금 고치고 es를 붙였죠? 대개의 명사의 복수형은 s만 붙이지만 이렇게 es를 붙이기도 하는데 그 es붙이는 몇 가지 경우를 설명합니다. 다음의 es를 붙이는 네 가지 경우만 익히면 그 외의 대부분 명사들은 그 뒤에 s를 주로 붙이면 복수형이 됩니다.

▶▶ 명사 뒤(어미)에 es를 붙이는 경우 네 가지

첫째 –명사의 어미(단어 뒤)가 s, x, sh, ch로 끝날 때.

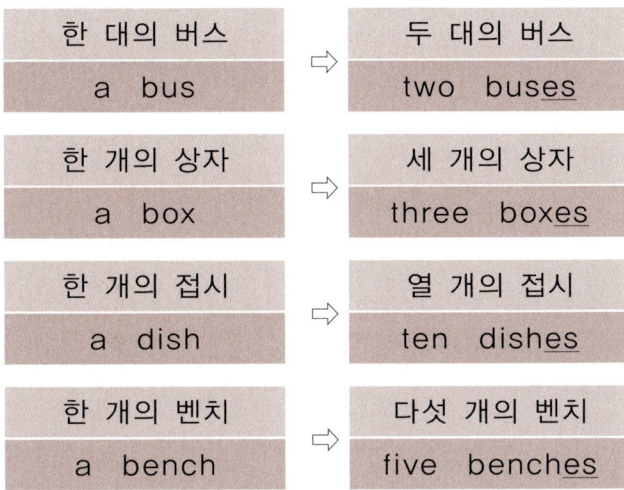

둘째 –명사의 어미가 f나 fe로 끝날 때 그 f나 fe를 v로 고치고 es를 붙임.

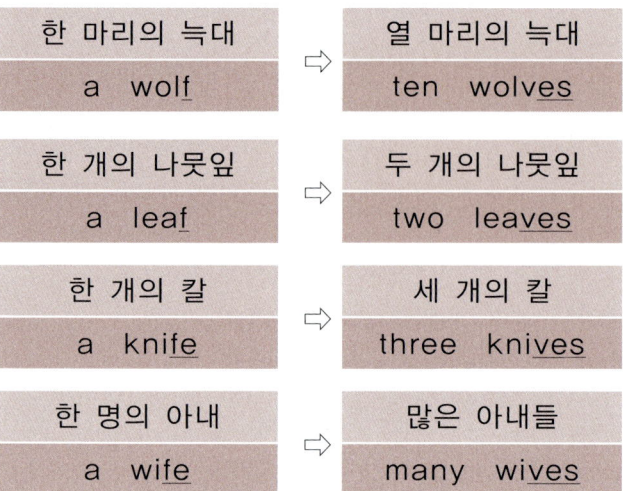

〈예외〉–다음의 단어들은 f나 fe로 끝나지만 위 규칙에 따르지 않고 그냥 s를 붙여 복수형으로 씁니다. (예외는 많지가 않아 그냥 외워두세요.)

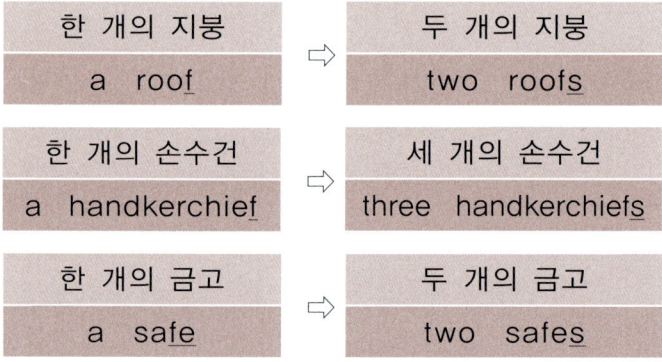

셋째 –명사의 어미가 자음+y로 끝날 때 y를 i로 고치고 es를 붙임.

| 한 송이의 백합 | ⇨ | 다섯 송이의 백합 |
| a lily | | five lilies |

| 한 명의 아기 | ⇨ | 열 명의 아기 |
| a baby | | ten babies |

〈그러나 모음+y로 끝날 때는 그냥 s만 붙임〉

| 하루의 날 | ⇨ | 10일 |
|---|---|---|
| a d**ay** | | ten day**s** |

| 한 마리의 원숭이 | ⇨ | 두 마리의 원숭이 |
|---|---|---|
| a monk**ey** | | two monk**eys** |

넷째 -명사의 어미가 자음+o로 끝날 때 es를 붙임.

| 한 개의 토마토 | ⇨ | 스무 개의 토마토 |
|---|---|---|
| a tomato | | twenty tomat**oes** |

| 한 개의 감자 | ⇨ | 다섯 개의 감자 |
|---|---|---|
| a potato | | five potat**oes** |

〈예외〉-다음의 단어들은 o로 끝나지만 그냥 s만 붙임.

| 한 장의 사진 | ⇨ | 세 장의 사진 |
|---|---|---|
| a photo | | three photo**s** |

| 한 대의 피아노 | ⇨ | 여섯 대의 피아노 |
|---|---|---|
| a piano | | six piano**s** |

| 한 대의 자동차 | ⇨ | 많은 자동차 |
|---|---|---|
| an auto | | many auto**s** |

### STEP II

| 단수명사 | 복수명사 | 예 외 ||
|---|---|---|---|
| | | 단수명사 | 복수명사 |
| a bus | buses | a roof | roofs |
| a box | boxes | a safe | safes |
| a bench | benches | a handkerchief | handkerchiefs |
| a wolf | wolves | a photo | photos |
| a knife | knives | a piano | pianos |
| a wife | wives | an auto | autos |
| a lily | lilies | | |
| a baby | babies | | |
| a tomato | tomatoes | | |
| a potato | potatoes | | |
| a day | days | | |
| a monkey | monkeys | | |

### STEP III

⇨ 1. 아래의 영어문장을 막고 우리말을 영어로 말해보세요.
⇨ 2. 아래의 우리말을 막고 영어를 왼쪽의 우리말 순서로 말해보세요.

1. 이 버스들은 빠르다
2. 저 버스들은 느리다
3. 이 상자들은 깨끗하다
4. 저 상자들은 더럽다
5. 저 벤치들은 낡았다
6. 이 벤치들은 새 것이다

1. **These buses** are fast.
2. **Those buses** are slow.
3. **These boxes** are clean.
4. **Those boxes** are dirty.
5. **Those benches** are old.
6. **These benches** are new.

| | |
|---|---|
| 7. 이것들은 이다 늑대 | 7. These are wolves. |
| 8. 저것들은 아니다 늑대 | 8. Those aren't wolves. |
| 9. 이것들은 나의 칼이다 | 9. These are my knives. |
| 10. 저것들은 아니다 너의 칼 | 10. These aren't your knives. |
| 11. 저 아내들은 착하다 | 11. Those wives are good. |
| 12. 이 아내들은 부지런하다 | 12. These wives are diligent. |
| 13. 이 백합들은 아름답다 | 13. These lilies are beautiful. |
| 14. 저 백합들은 추하다 | 14. Those lilies are ugly. |
| 15. 저 아기들은 귀엽다 | 15. Those babies are cute. |
| 16. 이 토마토는 맛있다 | 16. These tomatoes are delicious. |
| 17. 이 감자들은 싸다 | 17. These potatoes are cheap. |
| 18. 저 감자들은 비싸다 | 18. Those potatoes are expensive. |
| 19. 30일은 길다 | 19. 30days are long. |
| 20. 10일은 짧다 | 20. 10days are short. |
| 21. 저 원숭이들은 검다 | 21. Those monkeys are black. |
| 22. 이 원숭이들은 갈색이다 | 22. These monkeys are brown. |
| 23. 이 금고들은 무겁다 | 23. These safes are heavy. |
| 24. 저 금고들은 가볍다 | 24. Those safes are light. |
| 25. 당신의 손수건들은 더럽다 | 25. Your handkerchiefs are dirty. |
| 26. 나의 손수건들은 깨끗하다 | 26. My handkerchiefs are clean. |
| 27. 저 지붕들은 높다 | 27. Those roofs are high. |
| 28. 이것들은 그의 피아노들이다 | 28. These are his pianos. |
| 29. 저 피아노들은 무겁다 | 29. Those pianos are heavy. |
| 30. 저것들은 나의 아버지의 자동차들이다 | 30. Those are my father's autos. |

# CHAPTER NINETEEN
# 19

## |기본 어휘 (VOCABULARY) 챙기기|

| | |
|---|---|
| nineteen [naintíːn] | 19, 열아홉 |
| cap [kæp] | 운동모자 |
| hat [hæt] | 중절모자 |
| month [mʌnθ] | 달, 월 |
| rose [rouz] | 장미 |
| brush [brʌʃ] | 솔 |
| bridge [bridʒ] | 다리 |
| nose [nouz] | 코 |
| diligent [dílidʒənt] | 부지런한 |
| gold [gould] | 황금 |

먼저, 이 단원의 핵심내용인 다음의 사항을 참고해 보세요.
– 아래의 우리말을 영어로 말하거나 쓸 수 있나요?

**1. 저 정비사들은 정직하지 않습니다.**

**2. 이 윗도리들은 새 것이 아닙니다.**

**3. 당신들의 이름은 무엇입니까?**

   **우리 이름은 마이클, 제니퍼, 메어리입니다.**

▶ 위의 세 가지 우리말을 영어로 말하거나 쓸 수 있다면 다음 단원으로 넘어가도 좋습니다.
▶ 만약, 그렇지 못하면 다음 페이지로 넘어가 더 자세한 내용을 익혀야 합니다.

# CHAPTER NINETEEN (19)

| 이것들은 책이다 | | (우리말 순서) |
|---|---|---|
| 이것들은 이다 | 책 | (영어 순서) |
| These are | book<u>s</u>. | (영어 순서) |

| 이것들은 새이다 | | (우리말 순서) |
|---|---|---|
| 이것들은 이다 | 새 | (영어 순서) |
| These are | bird<u>s</u>. | (영어 순서) |

| 이것들은 버스이다 | | (우리말 순서) |
|---|---|---|
| 이것들은 이다 | 버스 | (영어 순서) |
| These are | buse<u>s</u>. | (영어 순서) |

 **STEP I** 영순 - 기본문형 이해하기

▶ 명사의 수가 복수이면 명사의 어미에 꼭 s나 es를 붙이는 것임을 앞 과에서 공부했습니다.

▶▶ 그 명사의 어미(꼬리)에 붙인 s나 es의 정확한 발음법을 오늘 공부합니다. 이때 s나 es의 발음은 세 가지!
1. [s]   2. [z]   3. [iz]

▶1. [s]로 발음하는 경우
명사의 마지막 발음이 [p, f, k, t, θ]일 때 그 뒤에 붙은 s나 es는 [s-스]로 발음함

① book -books
[buks]
(북스)

② roof -roofs
[ru:fs]
(루-스)

③ cap - caps
[kæps]
(캪 스)

④ hat - hats
[hæts]
(해츠)

※[ts]는 묶어서 "츠"로 발음

⑤ month -months
[mʌnθs]
(먼스)

※[θs]는 묶어서 "스"로 발음

▶2. [iz]로 발음하는 경우
명사의 마지막 발음이 [tʃ, z, s, ʃ, dʒ]일 때 그 뒤에 붙은 s나 es는 [iz-이즈]로 발음함

① bench -benches
[béntʃiz]
(벤취즈)

② rose -roses
[róuziz]
(로우지즈)

③ bus -buses
[bʌsiz]
(버시즈)

④ brush -brushes
[brʌ́ʃiz]
(브롸쉬즈)

⑤ bridge - bridges
[bridʒiz]
(브뤼쥐즈)

▶ 3. [z]로 발음되는 경우 – 위의 1, 2의 경우 이외의 모든 것

① dog – dogs
[dɔgz]
(독즈)

② car – cars
[kɑːrz]
(카-즈)

③ teacher–teachers
[tíːtʃərz]
(티-쳐즈)

④ brother – brothers
[brʌ́ðərz]
(브롸더즈)

⑤ uncle –uncles
[ʌ́ŋklz]
(엉클즈)

⑥ cell phone – cell phones
[sél founz]
(쎌 포운즈)

⑦ friend –friends
[frendz]
(프렌즈)

⑧ umbrella – umbrellas
[ʌmbrélz]
(엄브뤨러즈)

※ [dz]는 묶어서 "즈"로 발음

※ 위의 s, es의 세 가지 발음들–지금 천천히 잘 익혀두면 평생 사용합니다. 처음에 조금 신경 써서 연습하면 곧 자기도 모르게 맞는 발음을 저절로 하게 됩니다.

## STEP II  영순 – 기본 문형 정리하기

| [-s] | [-iz] | [-z] |
|---|---|---|
| books | buses | birds |
| roofs | benches | dogs |
| caps | roses | cars |
| hats | buses | teachers |
| months | brushes | brothers |
| cooks | bridges | uncles |

| | | |
|---|---|---|
| pianists | nurses | cell phones |
| violinists | purses | friends |
| wallets | watches | umbrellas |
| chefs | briefcases | doctors |
| desks | houses | pencils |
| mechanics | blouses | names |
| students | dresses | sons |
| clocks | oranges | magazines |
| jackets | boxes | drivers |
| backpacks | noses | schools |

 **STEP III** 영순 – 기본 문형 더 익히기

⇨ 1. 아래의 영어문장을 막고 우리말을 영어로 말해보세요.
⇨ 2. 아래의 우리말을 막고 영어를 왼쪽의 우리말 순서로 말해보세요.

1. 이 책들은 비싸지 않다
2. 이 지갑들은 비싸지 않다
3. 이 재킷은 새 것이 아니다
4. 이 백팩은 크지 않다

5. 저 피아니스트들은 날씬하지 않다
6. 저 정비사들은 정직하지 않다
7. 저 학생들은 부지런하지 않다
8. 저 간호사들은 부지런하지 않다

1. These books aren't expensive.
2. These purses aren't cheap.
3. These jackets aren't new.
4. These backpacks aren't big.

5. Those pianists aren't thin.
6. Those mechanics aren't honest.
7. Those students aren't diligent.
8. Those nurses aren't diligent.

9. **이것들은** 이다 장미
10. **이것들은** 이다 손목시계
11. **이것들은** 이다 오렌지

9. **These** are roses.
10. **These** are watches.
11. **These** are oranges.

12. **저 다리들은** 길다
13. **저 손목시계들은** 황금이다
14. **저 오렌지들은** 맛있다
15. **저 선생님들은** 친절합니까?
 - 네, 그렇습니다.
 - 아니오, 그렇지 않습니다.

12. **Those bridges** are long.
13. **Those watches** are gold.
14. **Those oranges** are delicious.
15. **Are those teachers** kind?
 - Yes, they are.
 - No, they aren't.

16. **당신들의 삼촌들은** 키가 큽니까?
 - 네, 그렇습니다.
 - 아니오, 그렇지 않습니다.
17. **그의 형제들은** 미남입니까?
 - 네, 그렇습니다.
 - 아니오, 그렇지 않습니다.
18. **저 버스운전자들은** 근면합니까?
 - 네, 그렇습니다.
 - 아니오, 그렇지 않습니다.

16. Are **your uncles** tall?
 - Yes, they are.
 - No, they aren't.
17. Are **his brothers** handsome?
 - Yes, they are.
 - No, they aren't.
18. Are **those bus drivers** diligent?
 - Yes, they are.
 - No, they aren't.

19. 무엇입니까 **당신들의 이름은**?
 - 우리의 이름은 탐, 쥬디, 메어리입니다
20. 무엇입니까 **그들의 이름은**?
 - 그들의 이름은 마이클, 제니퍼, 제이미입니다.

19. What are **your names**?
 - Our names are Tom, Judy and Mary.
20. What are **their names**?
 - Their names are Michael, Jenifer and Jamie.

**Be동사와 함께**

**간단 회화 3마디 (10)**

무슨 뜻일까요?
(먼저 생각해 보고 아래 우리말 뜻을 확인해 보세요)

1. It's a lemon.　_____
2. It's a steal.　_____
3. It's a mess.　_____

▶ 위의 각 문장의 주어를 여러가지로 바꾸어 말해 보세요.
▶ 위의 각 문장을 부정문이나 의문문으로 바꾸어 말해 보세요.

① 그건 고물이야.
② 그건 거저야.
③ 그건 엉망이야.

CHAPTER NINETEEN These are books

# CHAPTER TWENTY
## 20

|기본 어휘 (VOCABULARY) 챙기기|

twenty [twénti]     20, 스물
smart [sma:*r*t]     똑똑한
dull [dʌl]     우둔한
happy [hǽpi]     행복한
unhappy [ʌnhǽpi]     불행한
strong [strɔŋ]     강한
weak [wi:k]     약한
noisy [nɔ́izi]     시끄러운
quiet [kwáiət]     조용한
neighbor [néibə*r*]     이웃사람

먼저, 이 단원의 핵심내용인 다음의 사항을 참고해 보세요.
– 아래의 우리말을 영어로 말하거나 쓸 수 있나요?

**1. 당신의 자녀들은 똑똑한가요, 우둔한가요?**

**2. 영어가 어렵나요, 쉽나요?**

　　**어렵습니다.**

**3. 오바마 대통령 부부는 키가 큰가요, 작은가요?**

　　**그들은 키가 큽니다.**

▶ 위의 세 가지 우리말을 영어로 말하거나 쓸 수 있다면 다음 단원으로 넘어가도 좋습니다.
▶ 만약, 그렇지 못하면 다음 페이지로 넘어가 더 자세한 내용을 익혀야 합니다.

# CHAPTER TWENTY (20)

| 당신은 선생님 입니까 혹은 의사 입니까? | | | | (우리말 순서) |
|---|---|---|---|---|
| 당신은 입니까 | 선생님 | 혹은 | 의사 | (영어 순서) |
| Are you | a teacher | or | a doctor? | (영어 순서) |

##  STEP I  영순 - 기본문형 이해하기

▶ 일반적인 의문문은 "~입니까?" 혹은 "~합니까?" 라고 질문하죠.
▶▶ 오늘은 또 다른 의문문 표현을 공부합니다. 반대되는 두 가지를 제시하여 그 중 한 가지를 선택하라는 의문문- 즉 **선택의문문**입니다. "**~입니까 혹은 ~입니까?**" 하고 묻는 의문문입니다.

### 영순 1

| 당신은 입니까 | 선생님 | 혹은 | 의사? |
|---|---|---|---|
| Are you | a teacher | or | a doctor? |

※1. 선택의문문에는 두 선택단어 사이에 꼭 접속사 or(혹은)를 씁니다.
※2. 선택의문문의 읽기는 or 앞의 단어를 올려 읽고 문장 끝을 내려읽습니다. 그리고 끝을 내려읽는 의문문은 Yes나 No로 대답하지 않고 둘 중 택일하여 대답합니다.

1. Are you a teacher or a doctor?
   (당신은 입니까 선생님 혹은 의사?)
   - I'm a teacher.
   (나는 입니다 선생님)

2. Are you married or single?
   (당신은 결혼하셨나요 혹은 미혼인가요?)
   - I'm single.
   (나는 미혼입니다.)

3. Is he heavy or thin?
   (그는 뚱뚱한가요 혹은 날씬한가요?)
   - He's thin.
   (그는 날씬합니다.)

4. Is your wife beautiful or ugly?
   (당신의 부인은 아름다운가요 혹은 못생겼나요?)
   - She's beautiful.
   (그녀는 아름답습니다.)

5. Is your husband handsome or ugly?
   (당신의 남편은 미남인가요 혹은 추남인가요?)
   - He's handsome.
   (그는 미남입니다.)

6. Are Mr. and Mrs. Obama tall or short?
   (오바마 대통령 부부는 키가 큰가요 혹은 작은가요?)
   - They're tall.
   (그들은 키가 큽니다.)

7. Are your cildren smart or dull?
   (당신의 자녀들은 똑똑한가요 혹은 우둔한가요?)
   - They're smart.
   (그들은 똑똑합니다.)

8. Is English difficult or easy?

   (영어는 어렵나요 혹은 쉽나요?)

   - It's easy.

   (그것은 쉽습니다.)

※ 위의 선택의문문 읽기가 오르락내리락하여 좀 복잡하죠? 네, 그래도 높낮이에 유의하여 일단 연습해보세요. 지금은 자세하게 설명하기 어려워 위와 같이 설명하였지만 나중 발음위주 교재에서 더 구체적인 설명이 나옵니다. 기대해 보세요.

 **STEP II** 영순 - 기본 문형 정리하기

| Be동사 + 주어 A or B? | | 대답 |
|---|---|---|
| Are you<br>Is he<br>Is she<br>Is it<br>Are they | happy or unhappy? | I'm ~<br>He's ~<br>She's ~<br>It's ~<br>They're ~ |

 **STEP III** 영순 - 기본 문형 더 익히기

⇨ 1. 아래의 영어문장을 막고 우리말을 영어로 말해보세요.
⇨ 2. 아래의 우리말을 막고 영어를 왼쪽의 우리말 순서로 말해보세요.

1. 당신은 입니까 선생님 혹은 의사?
   - 나는 입니다 의사
2. 당신은 기혼인가요 혹은 미혼인가요?
   - 저는 기혼입니다
3. 그는 뚱뚱한가요 혹은 날씬한가요?
   - 그는 뚱뚱합니다

1. Are you a teacher or a doctor?
   - I'm a doctor.
2. Are you married or single?
   - I'm married.
3. Is he heavy or thin?
   - He's heavy.

4. 당신의 아내는 아름답나요 혹은 못생겼나요?
   - 그녀는 아름답습니다
5. 당신의 남편은 미남인가요 혹은 추남인가요?
   - 그는 미남입니다
6. 오바마씨 부부는 키가 큰가요 혹은 작은가요?
   - 그들은 키가 큽니다
7. 당신의 아버지는 버스운전자 혹은 택시운전자?
   - 그는 입니다 버스운전자
8. 당신의 자녀들은 똑똑한가요 혹은 우둔한가요?
   - 그들은 똑똑합니다
9. 영어는 어렵나요 혹은 쉽나요?
   - 그것은 어렵습니다
10. 당신의 휴대폰은 비싼가요 혹은 싼가요?
    - 그것은 쌉니다
11. 미국은 강한가요 혹은 약한가요?
    - 그것은 강합니다
12. 당신의 이웃사람들은 시끄럽나요 혹은 조용한가요?
    - 그들은 조용합니다

4. Is your wife beautiful or ugly?
   - She's beautiful.
5. Is your husband handsome or ugly?
   - He's handsome.
6. Are Mr. and Mrs. Obama tall or short?
   - They're tall.
7. Is your father a bus driver or a taxi driver?
   - He's a bus driver.
8. Are your children smart or dull?
   - They're smart.
9. Is English difficult or easy?
   - It's difficult.
10. Is your cell phone expensive or cheap?
    - It's expensive.
11. Is America strong or weak?
    - It's strong.
12. Are your neighbors noisy or quiet?
    - They're quiet.

# CHAPTER TWENTY - ONE
# 21

## |기본 어휘 (VOCABULARY) 챙기기|

| | |
|---|---|
| there [ðɛər] | 거기에 |
| coffee [kɔ́fi] | 커피 |
| table [téibl] | 식탁 |
| yard [ja:rd] | 마당, 뜰 |
| wall [wɔ:l] | 벽 |
| living room [lívɪŋ ru:m] | 거실 |
| in [in] | ~안에 |
| on [ən] | ~위에 |
| bird [bə:rd] | 새 |
| tree [tri:] | 나무 |
| classroom [klǽsru:m] | 교실 |
| star [sta:r] | 별 |
| sky [skai] | 하늘 |
| playground [pléigraund] | 운동장 |
| street [stri:t] | 거리 |
| drugstore [drʌ́gstɔər] | 약국 |
| many [mǽni] | 많은 |
| neighborhood [néibəhu:d] | 이웃 |
| million [míljən] | 백만 |
| billion [bíljən] | 십억 |
| member [mémbər] | 회원 |
| about [əbáut] | 약 |
| apartment [əpá:rtmənt] | 아파트 |
| building [bíldiŋ] | 빌딩 |

먼저, 이 단원의 핵심내용인 다음의 사항을 참고해 보세요.
- 아래의 우리말을 영어로 말하거나 쓸 수 있나요?

**1. 주차장에 한 대의 차가 있다.**

**2. 나의 동네에 두 개의 약국이 있다.**

**3. 나의 가족에는 세 명의 식구가 있다.**

▶ 위의 세 가지 우리말을 영어로 말하거나 쓸 수 있다면 다음 단원으로 넘어가도 좋습니다.
▶ 만약, 그렇지 못하면 다음 페이지로 넘어가 더 자세한 내용을 익혀야 합니다.

# CHAPTER TWENTY-ONE (21)

| 책상 위에 책 한 권이 있다. | | | (우리말 순서) |
|---|---|---|---|
| 있다 | 한 권의 책이 | 책상위에 | (영어 순서) |
| There is | a book | on the desk. | (영어 순서) |

##  STEP I  영순 – 기본문형 이해하기

▶▶ 오늘 공부는 "무엇이 어디에 있다"의 영어표현입니다. 미국인들이 많이 사용하는 표현입니다. 우리말 순서와 다르게 "있다"를 제일 먼저 말하고 그 뒤 "주어", 마지막에 "장소"를 쓰며 우리말과는 정반대의 어순입니다.

### 영순 1

| 동사 | 주어 | 장소 |
|---|---|---|
| 있다 | 책 한 권이 | 책상위에 |
| There is | a book | on the desk. |

※ "무엇이 어디에 있다"의 표현을 할 때는 습관적으로 무조건 There로 시작합니다. 이때 제일 앞에 There는 우리말로 해석하지 않으며 그 뒤 be동사(is, are)를 "있다"로 해석합니다.
※ There is 뒤의 명사가 주어입니다. 그 주어가 단수이면 There is로 시작합니다.

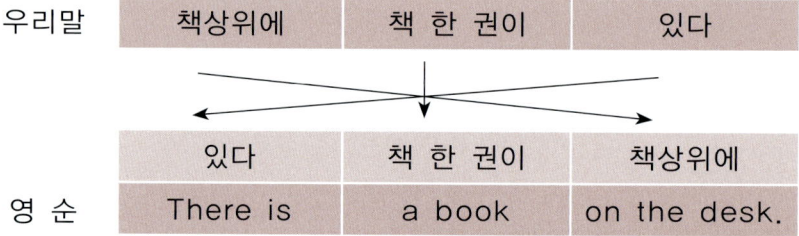

**더 연습해 볼까요? - 영어의 순서는 "있다+무엇이+어디에"**

1.

| 있다 | 커피가 | 식탁위에 |
|---|---|---|
| There is | coffee | on the table. |
| There's | | |

※There is는 There's로 줄여서 말할 수 있습니다.

2.

| 있다 | 자전거가 | 마당에 |
|---|---|---|
| There is | a bicycle | in the yard. |
| There's | | |

3.

| 있다 | 새 한 마리가 | 지붕위에 |
|---|---|---|
| There is | a bird | on the roof. |
| There's | | |

4.

| 있다 | 벽시계가 | 벽에 |
|---|---|---|
| There is | a clock | on the wall. |
| There's | | |

5.

| 있다 | T.V.가 | 거실에 |
|---|---|---|
| There is | a T.V. | in the living room. |
| There's | | |

※문장 뒤 장소를 나타내는 전치사 in(~안에), on(~위에)을 구분하여 연습합니다.

**영순 2** 주어가 복수이면 There are로 시작합니다. 역시 There는 해석하지 않고 are를 "있다"로 해석합니다.

1.

| 있다 | 다섯 권의 책이 | 책상위에 |
|---|---|---|
| There are | five books | on the desk. |

2.

| 있다 | 많은 새가 | 나무위에 |
|---|---|---|
| There are | many birds | on the tree. |

3.

| 있다 | 많은 차들이 | 거리에 |
|---|---|---|
| There are | many cars | on the street. |

| 4. | 있다 | 30명의 학생이 | 교실에 |
|---|---|---|---|
| | There are | thirty students | in the classroom. |
| 5. | 있다 | 많은 별들이 | 하늘에 |
| | There are | many stars | in the sky. |

 **STEP II**    영순 - 기본 문형 정리하기

| | There is/are | 주어 | 장소 |
|---|---|---|---|
| 주어가 단수 | There is | a book | on the desk. |
| 주어가 복수 | There are | two books | on the desk. |

 **STEP III**    우리말 - 영순감각으로 익히기

⇨1. 아래의 영순을 막고 왼쪽 우리말 순서를 오른쪽 영순처럼 말해보세요. (3회)
⇨2. 왼쪽 우리말 순서를 막고, 영순을 말하면서 영순의 감각을 익혀보세요. (3회)

| 우리말 순서 | 영순 |
|---|---|
| 1. 나무위에 새 한 마리가 있다. | 1. 있다 한 마리의 새가 나무위에 |
| 2. 주차장에 열 대의 차가 있다. | 2. 있다 열 대의 차가 주차장에 |
| 3. 이 거리에 세 개의 약국이 있다. | 3. 있다 세 개의 약국이 이 거리에 |
| 4. 서울에 천만 명의 사람이 있다. | 4. 있다 천만 명의 사람들이 서울에 |
| 5. 나의 가족엔 네 명의 식구가 있다. | 5. 있다 네 명의 식구가 나의 가족엔 |

 **STEP IV** | 영순 - 기본 문형 더 익히기

⇨ 1. 아래의 영어문장을 막고 우리말을 영어로 말해보세요.
⇨ 2. 아래의 우리말을 막고 영어를 왼쪽의 우리말 순서로 말해보세요.

| | |
|---|---|
| 1. 있다 책 한 권이 책상위에 | 1. **There's a book** on the desk. |
| 2. 있다 책 두 권이 책상위에 | 2. **There are two books** on the desk. |
| 3. 있다 새 한마리가 나무위에 | 3. **There's a bird** on the tree. |
| 4. 있다 많은 새가 나무위에 | 4. **There are many birds** on the tree. |
| 5. 있다 벽시계가 벽에 | 5. **There's a clock** on the wall. |
| 6. 있다 두 개의 벽시계가 벽에 | 6. **There are two clocks** on the wall. |
| 7. 있다 한 대의 차가 마당에 | 7. **There's a car** in the yard. |
| 8. 있다 많은 차가 거리에 | 8. **There are many cars** on the street. |
| 9. 있다 많은 별들이 하늘에 | 9. **There are many stars** in the sky. |
| 10. 있다 한 명의 학생이 운동장에 | 10. **There's a student** in the playground. |
| 11. 있다 30명의 학생이 운동장에 | 11. **There are thirty students** in the playground. |
| 12. 있다 한 명의 선생님이 교실에 | 12. **There's a teacher** in the classroom. |
| 13. 있다 세 명의 선생님이 교실에 | 13. **There are three teachers** in the classroom. |
| 14. 있다 한 개의 약국이 이 거리에 | 14. **There's a drugstore** on this street. |
| 15. 있다 세 개의 약국이 이 거리에 | 15. **There are three drugstores** on this street. |

16. 있다 한 개의 병원이 나의 동네에
17. 있다 두 군데의 병원이 나의 동네에

16. **There's a hospital** in my neighborhood.
17. **There are two hospitals** in my neighborhood.

18. 있다 천만 명의 사람들이 서울에
19. 있다 50억 명의 사람들이 세계에
20. 있다 약 5천만 명의 사람들이 한국에

18. **There are ten million people** in Seoul.
19. **There are five billion people** in the world.
20. **There are about fifty million people** in South Korea.

21. 있다 네 명의 식구가 나의 가족에는
22. 있다 100세대의 가구가 이 아파트 동에는

21. **There are four members** in my family.
22. **There are one hundred apartments** in this apartment building.

**Be동사와 함께**

간단 회화  마디 **(11)**

## 무슨 뜻일까요?
(먼저 생각해 보고 아래 우리말 뜻을 확인해 보세요)

1. It's hard to say. _____
2. It's a small world. _____
3. It's high time. _____

▶ 위의 각 문장의 주어를 여러가지로 바꾸어 말해 보세요.
▶ 위의 각 문장을 부정문이나 의문문으로 바꾸어 말해 보세요.

① 뭐라고 말하기가 곤란하군요.
② 세상 참 좁군요.
③ 시간이 됐어.

# CHAPTER TWENTY - TWO
## 22

### |기본 어휘 (VOCABULARY) 챙기기|

many [mǽni]  많은(수)
much [mʌtʃ]  많은(양)
flour [fláuər]  밀가루
closet [klázit]  옷장, 찬장
bottle [bátl]  병
freezer [frí:dʒər]  냉동고
jar [dʒa:r]  단지, 항아리
coke [kouk]  콜라
care [kɛər]  관리
fridge [fridʒ]  냉장고
refrigerator [rifrídʒəréitər]  냉장고

먼저, 이 단원의 핵심내용인 다음의 사항을 참고해 보세요.
– 아래의 우리말을 영어로 말하거나 쓸 수 있나요?

**1. 거리에 많은 차들이 있다.**

**2. 나의 지갑에 많은 돈이 있다.**

**3. 냉장고에 많은 쇠고기가 있다.**

▶ 위의 세 가지 우리말을 영어로 말하거나 쓸 수 있다면 다음 단원으로 넘어가도 좋습니다.

▶ 만약, 그렇지 못하면 다음 페이지로 넘어가 더 자세한 내용을 익혀야 합니다.

# CHAPTER TWENTY-TWO (22)

| 거리에 많은 차들이 있다. | | | (우리말 순서) |
|---|---|---|---|
| 있다 | 많은 차들이 | 거리에 | (영어 순서) |
| There are | many cars | on the street. | (영어 순서) |

##  STEP I  영순 - 기본문형 이해하기

▶▶ "많은 책", "많은 물", "많은 차" 처럼 「많은~」의 두 가지 표현인 many(수)와 much(양)을 공부합니다.

– 우리 한글은 수와 양이 많으면 공통으로 「많은~」으로 나타내지만 영어에서는 수가 많으면 many를, 양이 많으면 much를 씁니다.

| "많은~" | 수 | many+복수명사 | many cars (많은 차)<br>many books (많은 책)<br>many students (많은 학생들)<br>many watches (많은 시계)<br>many birds (많은 새들)<br>many teachers (많은 선생님들) |
|---|---|---|---|
| | 양 | much+단수명사 | much water (많은 물)<br>much sugar (많은 설탕)<br>much milk (많은 우유)<br>much money (많은 돈)<br>much juice (많은 쥬스)<br>much salt (많은 소금) |

1. <수>의 명사는 셀 수 있으므로 **단수형**과 **복수형**으로 표현합니다.

| | | |
|---|---|---|
| 한 대의 차 | a car | 단수 |
| 두 대의 차 | two cars | 복수 |
| 많은 차 | many cars | 복수 |
| 한 명의 학생 | a student | 단수 |
| 다섯 명의 학생 | five students | 복수 |
| 많은 학생 | many students | 복수 |
| 한 개의 달걀 | an egg | 단수 |
| 열 개의 달걀 | ten eggs | 복수 |
| 많은 달걀 | many eggs | 복수 |
| 한 개의 시계 | a watch | 단수 |
| 20개의 시계 | twenty watches | 복수 |
| 많은 시계 | many watches | 복수 |
| 한 마리의 호랑이 | a tiger | 단수 |
| 세 마리의 호랑이 | three tigers | 복수 |
| 많은 호랑이 | many tigers | 복수 |

2. <양>의 명사는 갯수로 셀 수 없으므로 복수형이 존재하지 않고 아무리 많아도 항상 **단수형** 명사로만 표현합니다.

| | | |
|---|---|---|
| 많은 물 | much water | 단수 |
| 많은 돈 | much money | 단수 |
| 많은 소금 | much salt | 단수 |
| 많은 쌀 | much rice | 단수 |
| 많은 밀가루 | much flour | 단수 |
| 많은 우유 | much milk | 단수 |
| 많은 쥬스 | much juice | 단수 |

## STEP II  영순 - 기본 문형 정리하기

| "많은~" | 수 | many+복수명사 | many friends (많은 친구들) |
| --- | --- | --- | --- |
| | | | many babies (많은 애기들) |
| | | | many wolves (많은 늑대들) |
| | | | many tomatoes (많은 토마토) |
| | 양 | much+단수명사 | much beef (많은 쇠고기) |
| | | | much butter (많은 버터) |
| | | | much coffee (많은 커피) |
| | | | much coke (많은 콜라) |

## STEP III  영순 - 기본문형 더 익히기

⇨ 1. 아래의 영어문장을 막고 우리말을 영어로 말해보세요.
⇨ 2. 아래의 우리말을 막고 영어를 왼쪽의 우리말 순서로 말해보세요.

1. **있다 한 권의 책**이 책상위에
2. **있다 두 권의 책**이 책상위에
3. **있다 많은 책**이 책상위에

1. **There's a book** on the desk.
2. **There are two books** on the desk.
3. **There are many books** on the desk.

4. **있다 한 명의 학생**이 교실에
5. **있다 10명의 학생**이 교실에
6. **있다 많은 학생**이 교실에

4. **There is a student** in the class.
5. **There are ten students** in the class.
6. **There are many students** in the class.

7. **있다 한 대의 차**가 주차장에
8. **있다 20대의 차**가 주차장에

7. **There is a car** in the parking lot.
8. **There are twenty cars** in the parking lot.

9. 있다 많은 차가 주차장에
10. 있다 한 개의 달걀이 냉장고에
11. 있다 세 개의 달걀이 냉장고에
12. 있다 많은 달걀이 냉장고에

9. There are many cars in the parking lot.
10. There is an egg in the refrigerator.
11. There are three eggs in the refrigerator.
12. There are many eggs in the refrigerator.

13. 있다 한 마리의 호랑이가 동물원에
14. 있다 다섯 마리의 호랑이가 동물원에
15. 있다 많은 호랑이가 동물원에

13. There is a tiger in the zoo.
14. There are five tigers in the zoo.
15. There are many tigers in the zoo.

16. 있다 한 명의 애기가 유아원에
17. 있다 30명의 애기가 유아원에
18. 있다 많은 애기가 유아원에

16. There is a baby in the day-care center.
17. There are thirty babies in the day-care center.
18. There are many babies in the day-care center.

19. 있다 한 명의 친구가 서울에
20. 있다 네 명의 친구가 서울에
21. 있다 많은 친구가 서울에

19. There's a friend in Seoul.
20. There are four friends in Seoul.
21. There are many friends in Seoul.

22. 있다 한 개의 햄버거가 빵집에
23. 있다 6개의 햄버거가 빵집에
24. 있다 많은 햄버거가 빵집에

22. There's a hamburger in the bakery.
23. There are six hamburgers in the bakery.
24. There are many hamburgers in the bakery.

25. 있다 많은 물이 잔속에
26. 있다 많은 설탕이 찬장에

25. There's much water in the glass.
26. There's much sugar in the closet.

27. 있다 많은 우유가 병속에
28. 있다 많은 돈이 지갑 안에
29. 있다 많은 쌀이 봉지 안에
30. 있다 많은 소금이 통속에
31. 있다 많은 밀가루가 봉지 안에
32. 있다 많은 딸기쥬스가 병속에

33. 있다 많은 쇠고기가 냉장고안에
34. 있다 많은 돼지고기가 냉장고안에
35. 있다 많은 아이스크림이 냉동고안에
36. 있다 많은 커피가 깡통 안에
37. 있다 많은 콜라가 잔속에
38. 있다 많은 버터가 냉장고에
39. 있다 많은 빵이 빵집에
40. 있다 많은 딸기잼이 항아리 속에

27. **There's much milk** in the bottle.
28. **There's much money** in the wallet.
29. **There's much rice** in the bag.
30. **There's much salt** in the case.
31. **There's much flour** in the bag.
32. **There's much strawberry juice** in the bottle.
33. **There's much beef** in the fridge.
34. **There's much pork** in the fridge.
35. **There's much ice cream** in the freezer.
36. **There's much coffee** in the can.
37. **There's much coke** in the glass.
38. **There's much butter** in the fridge.
39. **There's much bread** in the bakery.
40. **There's much strawberry jam** in the jar.

## Be동사와 함께

### 간단 회화  마디 (12)

무슨 뜻일까요?
(먼저 생각해 보고 아래 우리말 뜻을 확인해 보세요)

1. He's on my side. _____
2. He's on the line. _____
3. He's on my back. _____

▶ 위의 각 문장의 주어를 여러가지로 바꾸어 말해 보세요.
▶ 위의 각 문장을 부정문이나 의문문으로 바꾸어 말해 보세요.

① 그는 내편이야.
② 그는 통화중이야.
③ 그는 나를 괴롭혀.

# CHAPTER TWENTY - THREE

# 23

## |기본 어휘 (VOCABULARY) 챙기기|

| | |
|---|---|
| flower [fláwər] | 꽃 |
| garden [gá:rdn] | 정원 |
| brother [brʌ́ðər] | 형제, 형, 아우 |
| question [kwéstʃən] | 질문 |
| mountain [máuntn] | 산 |
| office [áfis] | 사무실 |
| holiday [hálədei] | 휴일 |
| year [jiər] | 년, 해 |
| bottle [bátl] | 병 |

먼저, 이 단원의 핵심내용인 다음의 사항을 참고해 보세요.
- 아래의 우리말을 영어로 말하거나 쓸 수 있나요?

**1. 책상위에 신문이 있습니까?**

   - 네, 있습니다.

   - 아니오, 없습니다.

**2. 나무에 많은 새들이 있습니까?**

   - 네, 있습니다.

   - 아니오, 없습니다.

**3. 당신의 지갑에 많은 돈이 있습니까?**

   - 네, 있습니다.

   - 아니오, 없습니다.

▶ 위의 세 가지 질문과 대답을 영어로 말하거나 쓸 수 있다면 다음 단원으로 넘어가도 좋습니다.
▶ 만약, 그렇지 못하면 다음 페이지로 넘어가 더 자세한 내용을 익혀야 합니다.

# CHAPTER TWENTY-THREE (23)

| 책상 위에 책이 있습니까? | | | (우리말 순서) |
|---|---|---|---|
| 있습니까 | 책이 | 책상위에 | (영어 순서) |
| **Is there** | **a book** | **on the desk?** | (영어 순서) |

 STEP I  영순 - 기본문형 이해하기

▶ 앞 단원에서 "있습니다 ~이 ~에" (There is~, There are~)의 긍정문 표현을 공부했습니다.

▶▶ 오늘은 그 긍정문을 물어보는 **의문문과 대답의 표현**을 공부합니다.

### 영순 1

1. ①

| 있습니다 | 책이 | 책상위에 | |
|---|---|---|---|
| There's | a book | on the desk.↘ | (긍정문) |

⇩

② 

| 있습니까 | 책이 | 책상위에 | |
|---|---|---|---|
| Is there | a book | on the desk?↗ | (의문문) |

※1. There is를 바꾸면 의문문-문장 끝을 올려 읽습니다.
※2. Is there~?로 물으면 대답에서도 there is로 합니다.
※3. 대답에서 is, isn't를 강하게 발음합니다.

| | 네, | 있습니다. | | 아니오, | 없습니다. |
|---|---|---|---|---|---|
| — | Yes, | there is. | — | No, | there is not. / there's not. / there isn't. |

2. 있습니까 / 자전거가 / 마당에
Is there / a bicycle / in the yard?↗

— 네, 있습니다. / Yes, there is. — 아니오, 없습니다. / No, there's not. / there isn't.

3. 있습니까 / 신문이 / 식탁위에
Is there / a newspaper / on the table?↗

— 네, 있습니다. / Yes, there is. — 아니오, 없습니다. / No, there's not. / there isn't.

### 영순 2

1. ① 있습니다 / 두 권의 책이 / 책상위에
There are / two books / on the desk.↘ (긍정문)

② 있습니까 / 두 권의 책이 / 책상위에
Are there / two books / on the desk?↗ (의문문)

— 네, 있습니다. / Yes, there are. — 아니오, 없습니다. / No, there are not. (=aren't)

※1. 대답에서 be동사(are, aren't)를 강하게 발음합니다.
※2. 질문이 Are there~?로 물으면 대답도 there are로.

2. 있습니까 / 많은 새가 / 나무위에?
Are there / many trees / on the tree?↗

— 네, 있습니다. / Yes, there are. — 아니오, 없습니다. / No, there aren't.

3. 

| 있습니까 | 많은 차들이 | 종로에? |
|---|---|---|
| Are there | many cars | on Jong-ro Street?↗ |

— | 네, | 있습니다. | — | 아니오, | 없습니다. |
|---|---|---|---|---|---|
| | Yes, | there are. | | No, | there aren't. |

4. 

| 있습니까 | 많은 우유가 | 냉장고에? |
|---|---|---|
| Is there | much milk | in the refrigerator?↗ |

— | 네, | 있습니다. | — | 아니오, | 없습니다. |
|---|---|---|---|---|---|
| | Yes, | there is. | | No, | there isn't. |

5.

| 있습니까 | 많은 돈이 | 당신의 지갑에? |
|---|---|---|
| Is there | much money | in your wallet?↗ |

— | 네, | 있습니다. | — | 아니오, | 없습니다. |
|---|---|---|---|---|---|
| | Yes, | there is. | | No, | there isn't. |

 **STEP II** 영순 – 기본 문형 정리하기

| 있습니까 ~이 ~에? | – 네, 있습니다.<br>– 아니오, 있지 않습니다. |
|---|---|
| Is there a book on the desk? | – Yes, there is.<br>– No, there isn't. |
| Are there two books on the desk? | – Yes, there are.<br>– No, there aren't. |

## STEP III   우리말 - 영순감각으로 익히기

⇨ 1. 아래의 영순을 막고 왼쪽 우리말 순서를 오른쪽 영순처럼 말해보세요. (3회)
⇨ 2. 왼쪽 우리말 순서를 막고, 영순을 말하면서 영순의 감각을 익혀보세요. (3회)

| 우리말 순서 | 영순 |
|---|---|
| 1. 책상 위에 책 한 권이 있습니까?<br>– 네, 있습니다.<br>– 아니요, 없습니다. | 1. 있습니까 한 권의 책이 책상 위에?<br>– 네, 있습니다.<br>– 아니요, 없습니다. |
| 2. 냉장고에 많은 우유가 있습니까?<br>– 네, 있습니다.<br>– 아니요, 없습니다. | 2. 있습니까 많은 우유가 냉장고에?<br>– 네, 있습니다.<br>– 아니요, 없습니다. |
| 3. 나무 위에 많은 새가 있습니까?<br>– 네, 있습니다.<br>– 아니요, 없습니다. | 3. 있습니까 많은 새가 나무 위에?<br>– 네, 있습니다.<br>– 아니요, 없습니다. |

## STEP IV   영순 - 기본문형 더 익히기

⇨ 1. 아래의 영어문장을 막고 우리말을 영어로 말해보세요.
⇨ 2. 아래의 우리말을 막고 영어를 왼쪽의 우리말 순서로 말해보세요.

1. **있습니까 책**이 책상위에?
   – 네, 있습니다.
   – 아니요, 없습니다.

1. **Is there a book** on the desk?
   – Yes, there is.
   – No, there's not.

2. **있습니까 자전거**가 마당에?
   – 네, 있습니다.
   – 아니요, 없습니다.

2. **Is there a bicycle** in the yard?
   – Yes, there is.
   – No, there's not.

3. **있습니까 신문**이 식탁에?
   – 네, 있습니다.
   – 아니요, 없습니다.

3. **Is there a newspaper** on the table?
   – Yes, there is.
   – No, there's not.

4. **있습니까 선생님**이 교실에?
 - 네, 있습니다.
 - 아니요, 없습니다.

4. **Is there a teacher** in the classroom?
 - Yes, there is.
 - No, there's not.

5. **있습니까 많은 꽃들**이 정원에?
 - 네, 있습니다.
 - 아니요, 없습니다.

5. **Are there many flowers** in the garden?
 - Yes, there are.
 - No, there aren't.

6. **있습니까 많은 새**가 나무위에?
 - 네, 있습니다.
 - 아니요, 없습니다.

6. **Are there many birds** on the tree?
 - Yes, there are.
 - No, there aren't.

7. **있습니까 많은 차**가 종로에?
 - 네, 있습니다.
 - 아니요, 없습니다.

7. **Are there many cars** on Jong-ro Street?
 - Yes, there are.
 - No, there aren't.

8. **있습니까 많은 별들**이 하늘에?
 - 네, 있습니다.
 - 아니요, 없습니다.

8. **Are there many stars** in the sky?
 - Yes, there are.
 - No, there aren't.

9. **있습니까 많은 형제**가 당신의 가족엔?
 - 네, 있습니다.
 - 아니요, 없습니다.

9. **Are there many brothers** in your family?
 - Yes, there are.
 - No, there aren't.

10. **있습니까 많은 산**이 한국에는?
 - 네, 있습니다.
 - 아니요, 없습니다.

10. **Are there many mountains** in Korea?
 - Yes, there are.
 - No, there aren't.

11. 있습니까 많은 질문이 21단원에?
 - 네, 있습니다.
 - 아니요, 없습니다.

11. **Are there many questions** in Chapter twenty-one?
 - Yes, there are.
 - No, there aren't.

12. 있습니까 많은 휴일이 올해에?
 - 네, 있습니다.
 - 아니요, 없습니다.

12. **Are there many holidays** this year?
 - Yes, there are.
 - No, there aren't.

13. 있습니까 많은 우유가 냉장고에?
 - 네, 있습니다.
 - 아니요, 없습니다.

13. **Is there much milk** in the refrigerator?
 - Yes, there is.
 - No, there's not.

14. 있습니까 많은 커피가 캐비넷 속에?
 - 네, 있습니다.
 - 아니요, 없습니다.

14. **Is there much coffee** in the cabinet?
 - Yes, there is.
 - No, there's not.

15. 있습니까 많은 소금이 병 속에?
 - 네, 있습니다.
 - 아니요, 없습니다.

15. **Is there much salt** in the bottle?
 - Yes, there is.
 - No, there's not.

16. 있습니까 많은 아이스크림이 냉동고에?
 - 네, 있습니다.
 - 아니요, 없습니다.

16. **Is there much ice cream** in the freezer?
 - Yes, there is.
 - No, there's not.

17. **있습니까 많은 쇠고기가** 냉장고에?
 - 네, 있습니다.
 - 아니요, 없습니다.

17. **Is there much beef** in the refrigerator?
 - Yes, there is.
 - No, there's not.

18. **있습니까 많은 설탕이** 수납장속에?
 - 네, 있습니다.
 - 아니요, 없습니다.

18. **Is there much sugar** in the closet?
 - Yes, there is.
 - No, there's not.

## Be동사와 함께 간단한 회화 세 마디 (13)

### 무슨 뜻일까요?
(먼저 생각해 보고 아래 우리말 뜻을 확인해 보세요)

1. It's in season. _____
2. It's out of season. _____
3. It's out of order. _____

▶ 위의 각 문장의 주어를 여러가지로 바꾸어 말해 보세요.
▶ 위의 각 문장을 부정문이나 의문문으로 바꾸어 말해 보세요.

① 그거 한창 시즌이야.
② 그거 철 지났어.
③ 그거 고장 났어.

# CHAPTER TWENTY - FOUR
## 24

|기본 어휘 (VOCABULARY) 챙기기|

library [láibrəri] 도서관
million [míljən] 백만
employee [implɔ́i:] 직원
bottle [bátl] 병
can [kæn] 깡통
flour [fláuər] 밀가루
truck [trʌk] 트럭
parking lot [pá:rkiŋ lat] 주차장
salt [sɔ:lt] 소금
sand [sænd] 모래

먼저, 이 단원의 핵심내용인 다음의 사항을 참고해 보세요.
- 아래의 우리말을 영어로 말하거나 쓸 수 있나요?

**1. 주차장에 몇 대의 차가 있습니까?**

- 20대의 차가 있습니다.

**2. 당신 지갑 속에 얼마의 돈이 있습니까?**

- 5만원이 있습니다.

▶ 위의 두 가지 질문과 대답을 영어로 말하거나 쓸 수 있다면 다음 단원으로 넘어가도 좋습니다.
▶ 만약, 그렇지 못하면 다음 페이지로 넘어가 더 자세한 내용을 익혀야 합니다.

# CHAPTER TWENTY-FOUR (24)

| 그 도서관에 몇 권의 책이 있습니까? | | | (우리말 순서) |
|---|---|---|---|
| 몇 권의 책이 | 있습니까 | 그 도서관에 | (영어 순서) |
| How many books | are there | in the library? | (영어 순서) |

## STEP I 영순 - 기본문형 이해하기

| 있습니까 | 많은 책이 | 책상위에? |
|---|---|---|
| Are there | many books | on the desk? |

▶ 위의 의문문은 도서관에 많은 책이 있는지, 없는지를 묻는 단순 의문문입니다. 그리고 있다, 없다로만 대답하면 됩니다.

| 네, | 있습니다. | | 아니오, | 없습니다. |
|---|---|---|---|---|
| Yes, | there are. | | No, | there aren't |

▶▶ 그런데, 많은 책은 있되 구체적으로 몇 권의 책이 있는지 **수를 묻는 의문문**의 표현은 의문사 **How many**(얼마나 많은)를 문장 제일 앞에 써서 시작합니다. 단, How many뒤엔 꼭 복수형 명사가 와야 합니다.

### 영순 1

1. 
| 얼마나 많은 책이 | 있습니까 | 책상위에? |
|---|---|---|
| How many books | are there | on the desk?↘ |

※ 앞 15과에서 의문사 who(누구)와 what(무엇)을 배웠죠? 그 때 의문사로 시작된 의문문은 문장 끝을 내려읽는다(↘)고 하였고 끝을 내려 읽는 의문문은 대답할 때 Yes, No로 대답하지 않고 질문의 핵심을 대답한다고 공부했습니다.

▶ 위의 How many도 의문사이기 때문에 이 의문문도 끝을 내려 읽으며 Yes, No로 대답하지 않고 핵심인 구체적인 숫자를 넣어 대답합니다.

― | 있습니다 | 열 권의 책이
| There are | ten books.

2. | 몇 명의 선생님들이 | 있습니까 | 이 학교에?
| How many teachers | are there | in this school?↘

― | 있습니다 | 50명의 선생님들이
| There are | fifty teachers.

3. | 몇 대의 승용차가 | 있습니까 | 그 주차장에?
| How many cars | are there | in the parking lot?↘

― | 있습니다 | 약 20대의 차가
| There are | about twenty cars.

▶▶ 갯수로 셀 수 없는 **물질의 양**이 얼마나 많은지를 물을 때는 의문사 How much+단수명사로 시작하여 질문합니다.

**영순 2**

1. | 얼마나 많은 우유가 | 있습니까 | 그 병에?
| How much milk | is there | in the bottle?↘

※양을 나타낼 때는 그 명사도 단수형이므로 동사도 단수동사(is)를 씁니다.

― | 있습니다 | 2리터
| There are | two litters.

2. | 얼마나 많은 설탕이 | 있습니까 | 그 깡통에?
| How much sugar | is there | in the can?↘

― | 있습니다 | 3파운드
| There are | three pounds.

3. 
| 얼마의 돈이 | 있습니까 | 당신의 지갑에? |
|---|---|---|
| How much money | is there | in your wallet?↘ |

| | 있습니다 | 5만원 |
|---|---|---|
| – | There's | fifty thousand won. |

4. 
| 얼마나 많은 밀가루가 | 있습니까 | 트럭에? |
|---|---|---|
| How much flour | is there | in the truck?↘ |

| | 있습니다 | 2톤 |
|---|---|---|
| – | There are | two tons. |

 **STEP II** 영순 – 기본 문형 정리하기

| 수를 질문할 때 | 얼마나 많은 책이 있나요 책상위에? |
|---|---|
| | How many books are there on the desk? |

| | 있어요 | 100권의 책 |
|---|---|---|
| | There are | one hundred books. |

| 양을 질문할 때 | 얼마나 많은 돈이 | 있나요 | 당신의 지갑에? |
|---|---|---|---|
| | How much money | is there | in your wallet? |

| | 있어요 | 5만원 |
|---|---|---|
| | There's | fifty thousand won. |

 **STEP III** 우리말 – 영순감각으로 익히기

⇨1. 아래의 영순을 막고 왼쪽 우리말 순서를 오른쪽 영순처럼 말해보세요. (3회)
⇨2. 왼쪽 우리말 순서를 막고, 영순을 말하면서 영순의 감각을 익혀보세요. (3회)

| 우리말 순서 | 영순 |
|---|---|
| 1. 책상 위에 몇 권의 책이 있나요?<br>– 10권 있습니다. | 1. 몇 권의 책이 있나요 책상 위에?<br>– 있습니다 10권의 책 |
| 2. 이 학교에 몇 명의 선생님이 있습니까?<br>– 50명 있습니다. | 2. 몇 명의 선생님이 있습니까 이 학교에?<br>– 있습니다 50명의 선생님 |
| 3. 그 주차장에 몇 대의 차가 있습니까?<br>– 약 20대 있습니다. | 3. 몇 대의 차가 있습니까 그 주차장에?<br>– 있습니다 약 20대의 승용차 |
| 4. 냉장고 안에 몇 개의 사과가 있니?<br>– 5개가 있어. | 4. 몇 개의 사과가 있니 냉장고에?<br>– 있어 5개가 |

 **STEP IV** | **영순 – 기본문형 더 익히기**

⇨1. 아래의 영어문장을 막고 우리말을 영어로 말해 보세요.
⇨2. 아래의 우리말을 막고 영어를 왼쪽의 우리말 순서로 말해 보세요.

1. 몇 권의 책이 있습니까 도서관에?

   – 있어요 백만 권의 책

2. 몇 명의 선생님이 있나요 이 학교에?

   – 있어요 백 명의 선생님

3. 몇 명의 직원이 있나요 저 회사에?

   – 있어요 약 2천 명의 직원들

4. 몇 명의 식구가 있나요
   당신가족에?
   – 있어요 네 명의 식구
   – 누구인가요 그들이?

1. How many books are there in the library?
   – There are one million books.

2. How many teachers are there in this school?
   – There are one hundred teachers.

3. How many employees are there in that company?
   – There are about two thousand employees.

4. How many members are there in your family?
   – There are four members.
   – Who are they?

- 그들은 입니다 나의 아버지,
  어머니, 누나, 그리고 저
- They're my father,
  mother, sister and myself.

5. **몇 개의 별이 있을까요** 하늘에?
   - 글쎄요, 아마 있어요 수십억개의
     별이

5. **How many stars are there** in the sky?
   - Well, maybe, there are billions of
     stars.

6. **얼마나 많은 우유가 있나요** 그 병에?
   - 있습니다 2리터

6. **How much milk is there** in the bottle?
   - There are two litters.

7. **얼마나 많은 설탕이 있습니까**
   그 깡통에?
   - 있습니다 3파운드

7. **How much sugar is there** in the can?

   - There are three pounds.

8. **얼마의 돈이 있나요** 당신 지갑에?


   - 있어요 5만원

8. **How much money is there** in your
   wallet?
   - There's fifty thousand won.

9. **얼마나 많은 쌀이 있나요**
   그 자루에?
   - 있어요 많이, 20그램

9. **How much rice is there**
   in the bag?
   - There's much, twenty grams.

10. **얼마나 많은 밀가루가 있나요**
    그 트럭에?
    - 있어요 2톤

10. **How much flour is there** in the truck?

    - There are ten tons.

**Be동사와 함께**

간단 회화  마디 (13)

## 무슨 뜻일까요?
(먼저 생각해 보고 아래 우리말 뜻을 확인해 보세요)

1. What a pity!  _____
2. What a shame!  _____
3. What a day!  _____

▶ 위의 각 문장의 주어를 여러가지로 바꾸어 말해 보세요.
▶ 위의 각 문장을 부정문이나 의문문으로 바꾸어 말해 보세요.

① 참 안됐다.
② 아니 그럼에니
③ 참 굉장한 날(좋 재수없는 날이군!)

# CHAPTER TWENTY - FIVE
## 25

### |기본 어휘 (VOCABULARY) 챙기기

| | |
|---|---|
| here [hiər] | 여기에 |
| cute [kju:t] | 귀여운 |
| puppy [pʌ́pi] | 강아지 |
| novel [nɑ́vl] | 소설 |
| salt [sɔ:lt] | 소금 |
| sand [sænd] | 모래 |
| children [tʃíldrən] | 어린이들 |
| expensive [ikspénsiv] | 비싼 |
| brown [braun] | 갈색 |
| powerful [pɑ́uəful] | 강력한 |
| famous [féiməs] | 유명한 |
| people [pí:pl] | 사람들 |

먼저, 이 단원의 핵심내용인 다음의 사항을 참고해 보세요.
- 아래의 우리말을 영어로 말하거나 쓸 수 있나요?

**1. 여기에 그의 우산이 있다.**

**2. 여기에 귀여운 동물들이 있다.**

**3. 여기에 나의 자녀들이 있다.**

▶ 위의 세 가지 질문과 대답을 영어로 말하거나 쓸 수 있다면 다음 단원으로 넘어가도 좋습니다.
▶ 만약, 그렇지 못하면 다음 페이지로 넘어가 더 자세한 내용을 익혀야 합니다.

# CHAPTER TWENTY-FIVE (25)

| 여기에 귀여운 강아지 한 마리가 있습니다. | (우리말 순서) |
|---|---|
| 여기에 있습니다. | 한 마리의 귀여운 강아지 | (영어 순서) |
| Here is | a cute puppy | (영어 순서) |

## STEP I  영순 - 기본문형 이해하기

▶ 「~에 ~이 있다.」의 영어표현은 There's~로 시작하죠?

▶▶ 오늘 공부는 「**여기에 ~이 있다.**」의 영어표현이며 두가지를 익혀두세요.

| 여기에 있다 | ~ 이 |
|---|---|
| • **Here is** (=Here's) | + 단수명사 |
| • **Here are** | + 복수명사 |

### 영순 1

1.
| 여기에 있다 | 한 그루의 나무 |
|---|---|
| Here is | a tree. |

※ 위 문장의 주어는 a tree이며 동사(is)뒤에 옵니다. 거의 대부분의 문장은 주어+동사로 시작하지만 앞에서 배운 「There is~」구문과 마찬가지로 「Here is~」구문도 항상 be동사 뒤에 주어가 오는 특별한 문장입니다.

2.
| 여기에 있다 | 하나의 지갑 |
|---|---|
| Here's | a wallet. |

※ **Here is**의 축약형(줄임말)은 **Here's**. 가급적 축약형으로 말합니다.

3.
| 여기에 있다 | 한 명의 천사가 |
|---|---|
| Here's | an angel. |

| 4. | 여기에 있다 | 나의 아들이 |
|---|---|---|
| | Here's | my son. |

| 5. | 여기에 있다 | 그의 우산이 |
|---|---|---|
| | Here's | his umbrella. |

**영순 2** 위의 다섯 문장의 주어가 복수로 바뀌면 be동사는 **are**로 바뀝니다.

| 1. | 여기에 있다 | 다섯 그루의 나무 |
|---|---|---|
| | Here are | five trees. |

| 2. | 여기에 있다 | 두 개의 지갑 |
|---|---|---|
| | Here are | two wallets. |

| 3. | 여기에 있다 | 많은 천사들이 |
|---|---|---|
| | Here are | many angels. |

| 4. | 여기에 있다 | 나의 자녀들이 |
|---|---|---|
| | Here are | my children. |

| 5. | 여기에 있다 | 그의 우산들이 |
|---|---|---|
| | Here are | his umbrellas. |

▶ 앞에서 배운 형용사를 기억하시죠? 형용사의 용법은 두 가지가 있습니다.

첫째, (be동사+형용사) ⇨ "~하다" – 형용사가 be동사 뒤에 오는 경우

| 나는 | 행복하다. |
|---|---|
| I | am happy. |

▶▶ 둘째, 형용사는 뒤에 있는 명사를 수식하기도 합니다.

즉, a(an)+형용사+명사의 순서

| 행복한 | 학생 | 재미있는 | 소설 | 귀여운 | 동물 |
|---|---|---|---|---|---|
| a happy | student | an interesting | novel | a cute | animal |

**영순 3**

1. | 여기에 있다 | 행복한 사람이 |
   | Here's | a happy person. |

2. | 여기에 있다 | 재미있는 소설이 |
   | Here's | an interesting novel. |

3. | 여기에 있다 | 귀여운 동물이 |
   | Here's | a cute animal. |

4. | 여기에 있다 | 비싼 자전거가 |
   | Here's | an expensive bicycle. |

5. | 여기에 있다 | 정직한 학생이 |
   | Here's | an honest student. |

- 위의 다섯 문장의 단수주어를 복수주어로 바꿔볼까요?

1. | 여기에 있다 | 행복한 사람들이 |
   | Here are | happy people. |

2. | 여기에 있다 | 재미있는 소설들이 |
   | Here are | interesting novels. |

3. | 여기에 있다 | 귀여운 동물들이 |
   | Here are | cute animals. |

4. | 여기에 있다 | 비싼 자전거들이 |
   | Here are | expensive bicycles. |

5. | 여기에 있다 | 정직한 학생들이 |
   | Here are | honest students. |

 **STEP II** 영순 - 기본 문형 정리하기

1. | 여기에 있다 | 한 권의 책 |
   | Here's | a book. |

2. | 여기에 있다 | 두 권의 책 |
   | Here are | two books. |

3. | 여기에 있다 | 한 명의 정직한 학생 |
   | Here's | an honest student. |

4. | 여기에 있다 | 많은 정직한 학생들이 |
   | Here are | many honest students. |

 **STEP III** 우리말 - 영순 감각으로 익히기

➪1. 아래의 영순을 막고 왼쪽 우리말 순서를 오른쪽 영순처럼 말해보세요. (3회)
➪2. 왼쪽 우리말 순서를 막고, 영순을 말하면서 영순의 감각을 익혀보세요. (3회)

| 우리말 순서 | 영 순 |
|---|---|
| 1. 여기에 나무 한 그루가 있다. | 1. 여기에 있다 한 그루의 나무가 |
| 2. 여기에 그의 우산이 있다. | 2. 여기에 있다 그의 우산이 |
| 3. 여기에 지갑 두 개가 있다. | 3. 여기에 있다 두 개의 지갑이 |
| 4. 여기에 재미있는 소설이 있다. | 4. 여기에 있다 재미있는 소설이 |
| 5. 여기에 정직한 학생이 있다. | 5. 여기에 있다 정직한 학생이 |
| 6. 여기에 많은 학생들이 있다. | 6. 여기에 있다 많은 학생들이 |

## STEP IV  영순 - 기본문형 더 익히기

⇨1. 아래의 영어문장을 막고 우리말을 영어로 말해보세요.
⇨2. 아래의 우리말을 막고 영어를 왼쪽의 우리말 순서로 말해보세요.

1. **여기에 있다** 한 명의 친구
2. **여기에 있다** 두 명의 친구

1. **Here's** a friend.
2. **Here are** two friends.

3. **여기에 있다** 한 명의 가수
4. **여기에 있다** 세 명의 가수

3. **Here's** a singer.
4. **Here are** three singers.

5. **여기에 있다** 한 명의 의사
6. **여기에 있다** 네 명의 의사

5. **Here's** a doctor.
6. **Here are** four doctors.

7. **여기에 있다** 한 명의 간호사
8. **여기에 있다** 열 명의 간호사

7. **Here's** a nurse.
8. **Here are** ten nurses.

9. **여기에 있다** 하나의 휴대폰
10. **여기에 있다** 다섯 개의 휴대폰

9. **Here's** a cell phone.
10. **Here are** five cell phones.

11. **여기에 있다** 하나의 핸드백
12. **여기에 있다** 세 개의 핸드백

11. **Here's** a purse.
12. **Here are** three purses.

13. **여기에 있다** 한 점의 비싼 그림이
14. **여기에 있다** 열 점의 비싼 그림이

13. **Here's** an expensive picture.
14. **Here are** ten expensive pictures.

15. **여기에 있다** 유명한 가수가
16. **여기에 있다** 많은 유명한 가수가

15. **Here's** a famous singer.
16. **Here are** many famous singers.

17. **여기에 있다** 갈색의 타이가
18. **여기에 있다** 다섯 개의 갈색 타이가

17. **Here's** a brown tie.
18. **Here are** five brown ties.

19. **여기에 있다** 강력한 축구팀이
20. **여기에 있다** 열 개의 강력한 축구팀이

19. **Here's** a powerful soccer team.
20. **Here are** ten powerful soccer teams.

21. **여기에 있다** 많은 사람들이
22. **여기에 있다** 많은 아이들이

21. **Here are** many people.
22. **Here are** many children.

23. **여기에 있다** 많은 귀여운 새들이
24. **여기에 있다** 두 명의 정직한 학생들이

23. **Here are** many cute birds.
24. **Here are** two honest students.

25. **여기에 있다** 많은 재미있는 소설이
26. **여기에 있다** 많은 설탕이

25. **Here are** many interesting novels.
26. **Here's** much sugar.

27. **여기에 있다** 많은 돈이
28. **여기에 있다** 많은 딸기잼이

27. **Here's** much money.
28. **Here's** much strawberry jam.

29. **여기에 있다** 많은 소금이
30. **여기에 있다** 많은 모래가

29. **Here's** much salt.
30. **Here's** much sand.

# CHAPTER TWENTY - SIX
# 26

## |기본 어휘 (VOCABULARY) 챙기기|

| | |
|---|---|
| when [wen] | 언제 |
| where [weər] | 어디에 |
| why [wai] | 왜 |
| how [hau] | 어떻게, 얼마나 |
| which [witʃ] | 어느 것 |
| tall [tɔːl] | 키가 큰 |
| long [lɔːŋ] | 긴, 오래 |
| high [hai] | 높은 |
| often [ɔ́ːfn] | 자주, 가끔 |
| far [faːr] | 먼 |
| feet [fiːt] | foot의 복수형, 길이단위, 피트 (1피트≒30.3cm) |
| inch [intʃ] | 인치 (1인치≒2.54cm) |
| river [rívər] | 강 |
| about [əbáut] | 약, 대략, ~에 관하여 |
| to [tu] | ~까지 |

먼저, 이 단원의 핵심내용인 다음의 사항을 참고해 보세요.
- 아래의 우리말을 영어로 말하거나 쓸 수 있나요?

**1. 당신의 아버지는 몇 세입니까?**

　- 65세 입니다.

**2. 서울에서 부산까지 얼마나 멀죠?**

　- 약 400킬로미터 입니다.

**3. 63빌딩은 얼마나 오래되었나요?**

　- 약 30년 되었습니다.

▶ 위의 세 가지 질문과 대답을 영어로 말하거나 쓸 수 있다면 다음 단원으로 넘어가도 좋습니다.
▶ 만약, 그렇지 못하면 다음 페이지로 넘어가 더 자세한 내용을 익혀야 합니다.

# CHAPTER TWENTY-SIX (26)

| 당신은 몇살인가요? | | (우리말 순서) |
|---|---|---|
| 몇살인가요 | 당신은? | (영어 순서) |
| How old | are you? | (영어 순서) |

 **STEP I** 영순 - 기본문형 이해하기

▶ 질문하는 의문문은 크게 **세 가지**로 나뉩니다.

• **첫째** – 어떤 내용의 사실인지 아닌지, 여부만 묻는 의문문. 이 의문문은 문장 끝을 올려 읽고, Yes나 No로 대답.

| | 당신은 행복합니까? | |
|---|---|---|
| | Are you happy?↗ | |
| — | 네, | 행복합니다. |
| | Yes, | I am. |
| — | 아니요, | 그렇지 않습니다. |
| | No, | I'm not. |

• **둘째**-두 가지 상반된 내용에서 선택하도록 질문하는 선택의문문. 이 선택 의문문은 문장 끝을 내려읽으며 Yes, No로 대답하지 않고 둘 중 한 가지를 선택하여 대답함.

| | 당신의 남편은 키가 큽니까 혹은 키가 작습니까? |
|---|---|
| | Is your husband tall or short? |
| — | 그는 키가 작습니다. |
| | He's short. |

▶▶ **셋째**– "누구(who)"인지, "무엇(what)"인지, "얼마나 많은지 (How many, How much)" 등등… 구체적으로 모르는 사항을 지적하여 알기 위한 의문문을 만들 때는 **7개의 의문사**–who(누구), what(무엇), which(어느 것), when(언제), where(어디에), why(왜), how(어떻게)를 문장에 제일 앞에 쓰고 의문문을 만듭 니다.

▶▶ 그리고 How+**형용사 (얼마나 ~한)**의 **의문사**도 있습니다.
- **How old** (몇 살인지)
- **How tall** (얼마나 키가 큰지)
- **How long** (얼마나 긴지)(얼마나 오래인지)
- **How high** (얼마나 높은지)
- **How often** (얼마나 자주)
- **How far** (얼마나 먼지)

위의 How + **형용사**(의문사)중 궁금한 것을 골라 문장 제일 앞에 쓰고 그 뒤 **be동 사 + 주어?**로 질문하면 훌륭한 의문문이 됩니다.

### 영순 1

1. 

| 몇 살 | 입니까 당신 |
|---|---|
| How old | are you?↘ |

※ 의문사 How+형용사로 시작하는 의문문은 항상 끝을 내려읽습니다. 그리고 Yes, No로 대답 하지 않고 핵심을 대답합니다.

| | 나는 입니다 | 30세 |
|---|---|---|
| — | I'm | thirty years old. |

2.

| | 몇 살 | 입니까 당신의 아버지 |
|---|---|---|
| | How old | is your father?↘ |

| | 그는 입니다 | 65세 |
|---|---|---|
| — | He's | sixty-five years old. |

3. 몇 살 / 입니까 당신의 학교는
   How old / is your school?
   
   — 그것은 / 50년
   It's / fifty years old.

4. 몇 살 / 입니까 서울은
   How old / is Seoul?
   
   — 그것은 / 약 600년
   It's / about six hundred years old.

5. 얼마나 키가 크나요 / 당신은?
   How tall / are you?
   
   — 나는 입니다 / 5피트 8인치(170cm)
   I'm / five feet eight inches tall.

6. 얼마나 먼가요 / 서울서 부산까지?
   How far is it / Seoul to Busan?
   
   — 그것은 약 400km입니다
   It's about four hundred kilometers.

7. 얼마나 긴가요 / 한강이?
   How long / is Hangang River?
   
   — 그것은 약 500km입니다
   It's about 500 kilometers.

8. 얼마나 높나요 / 에베레스트 산이?
   How high / is Mt.Everest?
   
   — 그건 입니다 8,848미터
   It's 8,848 meters.

## STEP II  영순 - 기본 문형 정리하기

| 의미 | 의문사 | |
|---|---|---|
| 몇 살입니까 | How old | |
| 얼마나 키가 큽니까 | How tall | |
| 얼마나 깁니까 | How long | |
| 얼마나 높습니까 | How high | be동사+주어? |
| 얼마나 자주 | How often | |
| 얼마나 빨리 | How soon | |
| 얼마나 멀리 | How far | |

## STEP III  우리말 - 영순감각으로 익히기

⇨1. 아래의 영순을 막고 왼쪽 우리말 순서를 오른쪽 영순처럼 말해보세요. (3회)
⇨2. 왼쪽 우리말 순서를 막고, 영순을 말하면서 영순의 감각을 익혀보세요. (3회)

| 우리말 순서 | 영순 |
|---|---|
| 1. 당신은 몇 살 입니까?<br>- 나는 30세 입니다. | 1. 몇 살입니까 당신은?<br>- 나는 입니다 30세 |
| 2. 그는 얼마나 키가 큽니까?<br>- 그는 5피트 7인치 입니다. | 2. 얼마나 키가 크나요 그는?<br>- 그는 입니다 5피트 7인치 |
| 3. 서울서 부산까지 얼마나 멉니까?<br>- 약 400km 입니다. | 3. 얼마나 멉니까 서울서 부산까지?<br>- 그것은 입니다 약 400km |
| 4. 한강이 얼마나 긴가요?<br>- 약 500km 입니다. | 4. 얼마나 긴가요 한강이?<br>- 그것은 입니다 약 500km |
| 5. 에베레스트 산이 얼마나 높나요?<br>- 약 8,848m 입니다. | 5. 얼마나 높나요 에베레스트 산이?<br>- 그것은 입니다 약 8,848m |

## STEP IV  영순 – 기본 문형 더 익히기

➡1. 아래의 영어문장을 막고 우리말을 영어로 말해보세요.
➡2. 아래의 우리말을 막고 영어를 왼쪽의 우리말 순서로 말해보세요.

1. **몇 살입니까** 당신은?
   – 나는 입니다 30세
2. **몇 살입니까** 당신의 아버지는?
   – 그는 입니다 65세
3. **몇 살입니까** 당신의 학교는?
   – 그것은 입니다 50살
4. **몇 살입니까** 서울은?
   – 그것은 입니다 약 600살
5. **몇 살입니까** 엠파이어 스테이트 빌딩은?
   – 그것은 입니다 약 150살
6. **얼마나 키가 크나요** 당신은?
   – 나는 입니다 5피트 8인치
7. **얼마나 키가 크나요** 김연아는?
   – 그녀는 입니다 5피트 7인치
8. **얼마나 먼가요**
   당신 집에서 당신의 학교 까지?
   – 그것은 3마일 입니다.
9. **얼마나 먼가요** 서울서 부산까지?
   – 그것은 입니다 약 300킬로미터
10. **얼마나 긴가요** 그 배가?
    – 그것은 10미터 입니다.

1. **How old** are you?
   – I'm thirty years old.
2. **How old** is your father?
   – He's sixty five years old.
3. **How old** is your school?
   – It's fifty years old.
4. **How old** is Seoul?
   – It's about six hundred years old.
5. **How old** is Empire State Building?
   – It's about one hundred and fifty years old.
6. **How tall** are you?
   – I'm five feet eight inches tall.
7. **How tall** is Kim Yuna?
   – She's five feet seven inches tall.
8. **How far** is it your house to to your school?
   – It's three miles.
9. **How far** is it Seoul to Busan?
   – It's about three hundred kilometers.
10. **How long** is the boat?
    – It's ten meters.

11. **얼마나 긴가요** 한강이?
    - 그것은 입니다 약 400킬로미터

12. **얼마나 높나요** 엠파이어 스테이트 빌딩이?
    - 그것은 입니다 381미터 입니다.

13. **얼마나 높나요** 에베레스트산이?
    - 그것은 입니다 8,848미터

11. **How long** is Hangang River?
    - It's about 400 kilometers.

12. **How high** is the Empire States Building?
    - It's 381 meters.

13. **How high** is Mt. Everest?
    - It's 8,848 meters.

# CHAPTER TWENTY - SEVEN
# 27

| 기본 어휘 (VOCABULARY) 챙기기 |

from [frəm] ~로 부터
baseball [béisbɔ:l] 야구
player [pléiər] 선수, 연주자
city [síti] 도시
province [právins] 구역, 도
south [sauθ] 남쪽
east [i:st] 동쪽
west [west] 서쪽
north [nɔ:rθ] 북쪽

먼저, 이 단원의 핵심내용인 다음의 사항을 참고해 보세요.
- 아래의 우리말을 영어로 말하거나 쓸 수 있나요?

1. 당신은 서울 출신입니까?

   - 네 그렇습니다.

2. 당신의 부모님은 어디 출신입니까?

   - 나의 아버지는 광주 출신이고, 어머니는 부산출신입니다.

3. 당신의 부모는 어디 출신입니까?

   - 그들은 경기도 수원 출신입니다.

▶ 위의 세 가지 질문과 대답을 영어로 말하거나 쓸 수 있다면 다음 단원으로 넘어가도 좋습니다.
▶ 만약, 그렇지 못하면 다음 페이지로 넘어가 더 자세한 내용을 익혀야 합니다.

# CHAPTER TWENTY-SEVEN (27)

| 나는 서울 출신입니다. | | (우리말 순서) |
|---|---|---|
| 나는 출신입니다 | 서울 | (영어 순서) |
| I'm from | Seoul | (영어 순서) |

##  영순 - 기본문형 이해하기

▶▶ "~는 ~출신이다"의 영어표현의 순서는

| 주어 + be동사 + from | 지명 | 입니다.

위의 순서로 여러 표현을 말해봅시다.

**영순 1**

1. | 나는 출신이다 | 서울 |
   | I'm from | Seoul. |

2. | 그는 출신이다 | 광주 |
   | He's from | Gwang-ju city. |

3. | 나의 부모님들은 출신이다 | 북한 |
   | My parents are from | North Korea. |

4. | 싸이는 출신이다 | 안양시, 경기도 |
   | Psy is from | Anyang city, Gyeonggi Province. |

5.  | 야구선수 박찬호는 출신이다 | 공주시 |
    | Baseball player Park Chanho is from | Gong-ju City. |

6.  | 당신은 출신입니까 | 대구시? |
    | Are you from | Dae-gu City? |

    — | 네, | 그렇습니다. |
      | Yes, | I am. |

    — | 아니요, | 그렇지 않습니다. |
      | No, | I'm not. |

7. 대구출신이 아닌 경우라면

    | 그러면 | 당신은 어디출신입니까? |
    | Then, | where are you from? |

    — | 나는 출신입니다 | 포항, 경북 |
      | I'm from | Pohang City, North Gyeong-sang Province. |

    ※포항시와 경북은 같은 장소입니다. 장소가 겹칠 때는 **좁은장소+넓은장소**의 어순으로 합니다.

8.  | 당신의 부모님은 출신입니까 | 서울? |
    | Are your parents from | Seoul? |

    — | 네, | 그렇습니다. |
      | Yes, | they are. |

    — | 아니요, | 그렇지 않습니다. |
      | No, | they're not. |

9. 부모님이 서울출신이 아니라면

    | 그러면 | 어디에 그분들은 출신입니까? |
    | Then, | where are they from? |

    — | 나의 아버지는 출신입니다 | 평양, 북한 |
      | My father is from | Pyeong-yang City, North Korea. |

| 그리고, 나의 어머니는 출신입니다 | 광주시 |
| And, my mother is from | Gwang-ju City. |

10. 
| 어디에 마이클 잭슨은 출신입니까? |  |
| Where's Michael Jackson from? ↘ |  |

| 그는 출신입니다 | 인디애너 |
| He's from | Indiana. |

## STEP II 영순 - 기본 문형 정리하기

| 단수(주어) | 복수(주어) |
|---|---|
| I'm from~. | We're from~. |
| You're from~. | You're from~. |
| He's from~.<br>She's from~.<br>It's from~. | They're from~. |
| Are you from~? | – Yes, I am.<br>– No, I'm not. |
| Is he from~? | – Yes, he is.<br>– No, he isn't. |
| Where's she from~? | – She's from~. |
| Where are they from~? | – They're from~. |

## STEP III 우리말 - 영순감각으로 익히기

⇨1. 아래의 영순을 막고 왼쪽 우리말 순서를 오른쪽 영순처럼 말해보세요. (3회)
⇨2. 왼쪽 우리말 순서를 막고, 영순을 말하면서 영순의 감각을 익혀보세요. (3회)

| 우리말 순서 | 영 순 |
|---|---|
| 1. 그는 서울출신이다. | 1. 그는 출신이다 서울 |
| 2. 박찬호 선수는 공주시출신입니다. | 2. 박찬호 선수는 출신입니다 공주시 |
| 3. 당신은 대구출신입니까?<br>　- 네, 그렇습니다.<br>　- 아니요, 그렇지 않습니다. | 3. 당신은 출신입니까 대구?<br>　- 네, 그렇습니다.<br>　- 아니요, 그렇지 않습니다. |
| 4. 당신은 어디 출신입니까?<br>　- 나는 경북 포항출신입니다. | 4. 어디에 당신은 출신입니까?<br>　- 나는 출신입니다 포항, 경북 |
| 5. 당신의 부모님은 어디 출신입니까?<br>　- 그분들은 캘리포니아 L.A출신입니다. | 5. 어디에 당신의 부모는 출신입니까?<br>　- 그들은 출신입니다 L.A, 캘리포니아 |

## STEP Ⅳ  영순 - 기본문형 더 익히기

⇨1. 아래의 영어문장을 막고 우리말을 영어로 말해보세요.
⇨2. 아래의 우리말을 막고 영어를 왼쪽의 우리말 순서로 말해보세요.

1. 나는 출신이다 서울
2. 그는 출신이다 광주
3. 나의 부모님은 출신이다 북한
4. 야구선수 박찬호는 출신이다
　공주시
5. 나의 아내는 출신이다
　목포시, 전남

6. 당신은 출신입니까 춘천시?
　- 네, 그렇습니다.
　- 아니요, 그렇지 않습니다.

1. I'm from Seoul.
2. He's from Gwang-ju City.
3. My parents are from North Korea.
4. Baseball player
　Park Chanho is from Gong-ju City.
5. My wife is from
　Mok-po City, South Jeolla Province.

6. Are you from Chuncheon City?
　- Yes, I am.
　- No, I'm not.

7. 어디 당신은 출신입니까?
   - 나는 출신입니다 포항, 경북

8. 당신의 부모님은 출신입니까 서울?
   - 네, 그렇습니다.
   - 아니요, 그렇지 않습니다.

9. 그러면, **어디에 그들은 출신입니까**?
   - 나의 아버지는 출신입니다
     마산시, 경남
   - 그리고 나의 어머니는 출신입니다
     부산

10. 어디에 마이클 잭슨은 출신입니까?
    - 그는 출신입니다 인디애나

11. 어디에 오바마 대통령부부는
    출신입니까?
    - 버락 오바마대통령은
      출신입니다 호놀눌루 하와이.
    - 그리고 미셸오바마는
      출신입니다 시카고.

7. **Where are you from**?
   - I'm from Po-hang City,
     North Gyeong-sang Province.

8. **Are your parents from** Seoul?
   - Yes, they are.
   - No, they're not.

9. Then, **where they from**?
   - My father is from Masan City,
     South Gyeong-sang Province.
   - And my mother is from Busan.

10. **Where's Michael Jackson from**?
    - He's from Indiana.

11. **Where are Mr. and Mrs. President Obama from**?
    - Barack Obama is from
      Honolulu, Hawaii.
    - and Mrs. Michelle Obama
      is from chicago.

**Be동사와 함께**

간단 회화 마디 **(15)**

## 무슨 뜻일까요?
(먼저 생각해 보고 아래 우리말 뜻을 확인해 보세요)

1. It's a big problem. _____
2. It's no problem. _____
3. It's none of your business. _____

▶ 위의 각 문장의 주어를 여러가지로 바꾸어 말해 보세요.
▶ 위의 각 문장을 부정문이나 의문문으로 바꾸어 말해 보세요.

① 그것 큰문제 입니다.
② 그것 문제거리 되지 않아.
③ 그것 니가 상관할일 아니야.

# CHAPTER TWENTY - EIGHT
# 28

|기본 어휘 (VOCABULARY) 챙기기|

mine [main]      나의 것
yours [juərz]      너의 것
his [hiz]      그의 것
hers [həːrz]      그녀의 것
ours [auərz]      우리의 것
theirs [ðɛərz]      그들의 것
camera [kǽmərə]      카메라
glasses [glǽsiz]      안경
island [áilənd]      섬
shoes [ʃuːz]      구두, 신발

먼저, 이 단원의 핵심내용인 다음의 사항을 참고해 보세요.
- 아래의 우리말을 영어로 말하거나 쓸 수 있나요?

**1. 저 자전거는 그의 것이다.**

**2. 이 안경은 그녀의 것이다.**

**3. 이 지갑은 당신의 것입니까?**

　- 네, 그렇습니다.

　- 아니오, 그렇지 않습니다.

▶ 위의 세 문장을 영어로 말하거나 쓸 수 있다면 다음 단원으로 넘어가도 좋습니다.
▶ 만약, 그렇지 못하면 다음 페이지로 넘어가 더 자세한 내용을 익혀야 합니다.

CHAPTER TWENTY-EIGHT　This camera is mine

# CHAPTER TWENTY-EIGHT (28)

| 이 카메라는 나의 것 이다. | | (우리말 순서) |
|---|---|---|
| 이 카메라는 이다 | 나의 것 | (영어 순서) |
| This camera is | mine. | (영어 순서) |

 **STEP I** 영순 - 기본문형 이해하기

▶ 앞 단원에서 "my(나의)", "your(너의)", "his(그의)" …등 소유격을 공부했었죠. 그 소유격 뒤에는 반드시 명사가 옵니다.

| 나의 책 | 너의 자전거 | 그의 친구들 |
|---|---|---|
| my book | your bicycle | his friends |

▶▶ 오늘의 공부는 "나의 것", "너의 것", "그의 것" 처럼 "누구의 것"이라는 또다른 소유의 영어표현방법-**소유대명사** 공부입니다.

| 인칭 | 단수/복수 | 주격 | 소유격 | 소유대명사(~의 것) |
|---|---|---|---|---|
| 1 | 단수 | I | my (나의) | **mine** (나의 것) |
| | 복수 | We | our (우리의) | **ours** (우리의 것) |
| 2 | 단수 | You | your (당신의) | **yours** (당신의 것) |
| | 복수 | You | your (당신들의) | **yours** (당신들의 것) |
| 3 | 단수 | He | his (그의) | **his** (그의 것) |
| | | She | her (그녀의) | **hers** (그녀의 것) |
| | | It | its (그것의) | X |
| | 복수 | They | their (그들의) | **theirs** (그들의 것) |

| 소유표현 두 가지 | • 소유격+명사 |
| --- | --- |
| | • 소유대명사(+명사못옴) |

**영순 1**

1. | 이것은 이다 | 나의 책 | (소유격+명사)
   | This is | my book. |

   ⇩

2. | 이 책은 이다 | 나의 것 | (소유대명사)
   | This book is | mine. |

**영순 2**

1. | 저것은 이다 | 너의 자전거 | (소유격+명사)
   | That's | your bicycle. |

   ⇩

2. | 저 자전거는 이다 | 너의 것 | (소유대명사)
   | That bicycle is | yours. |

**영순 3**

1. | 이것들은 이다 | 그의 카메라들 | (소유격+명사)
   | These are | his cameras. |

   ⇩

2. | 이 카메라들은 이다 | 그의 것 | (소유대명사)
   | These cameras are | his. |

CHAPTER TWENTY-EIGHT  This camera is mine

## 영순 4

1. | 저것들은 이다 | 그녀의 안경 |
   |---|---|
   | Those are | her glasses. |
   
   (소유격+명사)

   ⇩

2. | 저 핸드백들은 이다 | 그녀의 것 |
   |---|---|
   | Those glasses are | hers. |
   
   (소유대명사)

## 영순 5

1. | 독도는 이다 | 우리의 섬 |
   |---|---|
   | Dokdo is | our island. |
   
   (소유격+명사)

   ⇩

2. | 독도는 이다 | 우리의 것 |
   |---|---|
   | Dokdo is | ours. |
   
   (소유대명사)

## 영순 6

1. | 쓰시마는 이다 | 그들의 섬 |
   |---|---|
   | Tsusima is | their island. |
   
   (소유격+명사)

   ⇩

2. | 쓰시마는 이다 | 그들의 것 |
   |---|---|
   | Tsusima is | theirs. |
   
   (소유대명사)

## STEP II  영순 - 기본 문형 정리하기

| 소유격 (~의) | 소유대명사 (~의 것) |
|---|---|
| (나의) my | (나의 것) mine |
| (너의) your | (너의 것) yours |
| (그의) his | (그의 것) his |
| (그녀의) her | (그녀의 것) hers |
| (그것의) its | (그것의 것) X |
| (우리의) our | (우리의 것) ours |
| (그들의) their | (그들의 것) theirs |

## STEP III  우리말 - 영순감각으로 익히기

⇨1. 아래의 영순을 막고 왼쪽 우리말 순서를 오른쪽 영순처럼 말해보세요. (3회)
⇨2. 왼쪽 우리말 순서를 막고, 영순을 말하면서 영순의 감각을 익혀보세요. (3회)

| 우리말 순서 | 영순 |
|---|---|
| 1. 이 책은 나의 것이다. | 1. 이 책은 이다 나의 것 |
| 2. 저 자전거는 당신의 것이다. | 2. 저 자전거는 이다 당신의 것 |
| 3. 이 안경은 그녀의 것이다. | 3. 이 안경은 이다 그녀의 것 |
| 4. 저 신발은 그의 것이다. | 4. 저 신발은 이다 그의 것 |
| 5. 독도는 우리의 것이다. | 5. 독도는 이다 우리의 것 |
| 6. 쓰시마는 그들의 것이다. | 6. 쓰시마는 이다 그들의 것 |

# STEP IV   우리말 - 기본문형 더 익히기

⇨1. 아래의 영어문장을 막고 우리말을 영어로 말해보세요.
⇨2. 아래의 우리말을 막고 영어를 왼쪽의 우리말 순서로 말해보세요.

1. 이것은 이다 나의 책
2. 이 책은 이다 **나의 것**

1. This is my book.
2. This book is **mine**.

3. 이것은 이다 나의 카메라
4. 이 카메라는 이다 **나의 것**

3. This is my camera.
4. This camera is **mine**.

5. 저것은 이다 당신의 자전거
6. 저 자전거는 이다 **당신의 것**

5. That's your bicycle.
6. That bicycle is **yours**.

7. 저것은 이다 그녀의 안경
8. 저 안경은 이다 **그녀의 것**

7. Those are her glasses.
8. Those glasses are **hers**.

9. 이것은 이다 그의 신발
10. 이 신발은 이다 **그의 것**

9. These are his shoes.
10. These shoes are **his**.

11. 저것은 이다 그들의 아파트
12. 저 아파트는 이다 **그들의 것**

11. That's their apartment.
12. That apartment is **theirs**.

13. 독도는 이다 우리의 섬
14. 독도는 이다 **우리의 것**
15. 독도는 아니다 **그들의 것**

13. Dokdo is our island.
14. Dokdo is **ours**.
15. Dokdo isn't **theirs**.

16. 쓰시마는 이다 그들의 섬

16. Tsusima is their island.

17. 쓰시마는 이다 **그들의 것**.
18. 쓰시마는 아니다 우리의 것.

19. 이 지갑은 입니까 **당신의 것**?
 - 네, 그렇습니다.
 - 아니요, 그렇지 않습니다.

20. 저 핸드백은 입니까 **그녀의 것**?
 - 네, 그렇습니다.
 - 아니요, 그렇지 않습니다.

17. Tsusima is **theirs**.
18. Tsusima isn't ours.

19. Is this wallet **yours**?
 - Yes, it is.
 - No, it's not.

20. Is that purse **hers**?
 - Yes, it is.
 - No, it's not.

# CHAPTER TWENTY - NINE
# 29

## |기본 어휘 (VOCABULARY) 챙기기|

| | |
|---|---|
| motorcycle [mɔ́təsaikl] | 오토바이 |
| necklace [néklis] | 목걸이 |
| earings [íəriŋz] | 귀걸이 |
| suitcase [sú:tkeis] | 서류가방 |
| shoes [ʃu:z] | 신발 |
| maybe [méibi] | 아마 |
| whose [hu:z] | 누구의, 누구의 것 |

먼저, 이 단원의 핵심내용인 다음의 사항을 참고해 보세요.
- 아래의 우리말을 영어로 말하거나 쓸 수 있나요?

**1. 저것은 나의 아들의 오토바이 이다.**

**2. 저 오토바이는 나의 아들의 것 이다.**

**3. 이것은 누구의 귀걸이 입니까?**

　- 그것은 나의 딸의 귀걸이 입니다.

**4. 이 귀걸이는 누구의 것 입니까?**

　- 그것은 나의 딸의 것 입니다.

▶ 위의 네 개의 우리말을 영어로 말하거나 쓸 수 있다면 다음 단원으로 넘어가도 좋습니다.
▶ 만약, 그렇지 못하면 다음 페이지로 넘어가 더 자세한 내용을 익혀야 합니다.

# CHAPTER TWENTY-NINE (29)

| 저것은 나의 아버지의 지갑 이다. | | | (우리말 순서) |
|---|---|---|---|
| 저것은 이다 | 나의 아버지의 | 지갑 | (영어 순서) |
| That's | my father's | wallet. | (영어 순서) |

| 저 지갑은 나의 아버지의 것 이다. | | (우리말 순서) |
|---|---|---|
| 저것은 지갑이다 | 나의 아버지의 것 | (영어 순서) |
| That wallet is | my father's. | (영어 순서) |

## STEP I  영순 - 기본문형 이해하기

▶ 앞 단원에서 인칭대명사의 소유격(~의)과 소유대명사(~의 것)를 공부했습니다.
 - 인칭대명사의 격 변화는 정해진 대로 외워야 하죠. 가령 I(나)의 소유격은 my(나의)고, 소유대명사는 mine(나의 것). 다른 2인칭, 3인칭도 마찬가지로 소리 내어 암기해야 합니다.

▶▶ 오늘 공부는 **사람명사의 소유격**과 **소유대명사**의 표현방법입니다.
다행히도 사람을 가리키는 명사의 소유격과 소유대명사는 똑같이 그 명사 뒤에 's (어파스트로피s)를 붙이기만 하면 됩니다.

즉

| 아버지의 (소유격) | 아버지의 것 (소유대명사) |
|---|---|
| father's | father's |

소유격과 소유대명사의 모양이 똑같죠? 그런데, 소유격의 경우엔 그 뒤에 반드시 명사가 와야 하고, 소유대명사는 그 뒤에 명사가 오지 않는다는 것으로 구별한답니다.

**영순 1**

1. ① 이것은 이다 / 나의 아버지의 / 지갑
   This is / my father's / wallet.  (소유격+명사)

   ② 이 지갑은 이다 / 나의 아버지의 것
   This wallet is / my father's.  (소유대명사)

2. ① 저것은 이다 / 나의 아들의 / 오토바이
   That's / my son's / motorcycle.

   ② 저 오토바이는 이다 / 나의 아들의 것
   That motorcycle is / my son's.

3. ① 이것은 이다 / 나의 딸의 / 선글라스
   These are / my daughter's / sunglasses.

   ② 이 선글라스는 이다 / 나의 딸의 것
   These sunglasses are / my daughter's.

4. ① 이것은 입니까 / 당신 남편의 / 서류가방?
   Is this / your husband's / suitcase?↗

   — 네, / 그렇습니다.
   Yes, / it is.

   — 아니요, / 그렇지 않습니다.
   No, / it isn't.
   No, / it's not.

   ② 이 서류가방은 입니까 / 당신 남편의 것?
   Is this suitcase / your husband's?↗

| 네, | 그렇습니다. |
|---|---|
| Yes, | it is. |

| 아니요, | 그렇지 않습니다. |
|---|---|
| No, | it isn't. |
| No, | it's not. |

▶▶ 물건의 소유를 모르는 경우엔 의문사 whose (누구의-소유격)와 whose (누구의 것-소유대명사)를 문장 제일 앞에 쓰고 질문합니다.

– **의문사** whose도 소유격과 소유대명사의 모양이 같네요. 역시 뒤에 명사가 오면 **"누구의"** (소유격), 명사가 없으면 **"누구의 것"** (소유대명사)로 구별됩니다.

| 누구의 (소유격) | 누구의의 것 (소유대명사) |
|---|---|
| whose + 명사 | whose + ~~명사~~ |

### 영순 2

1. ① 

| 누구의 목걸이 | 입니까 이것은? | |
|---|---|---|
| **Whose** necklace | is this? ↘ | (소유격+명사) |

| | 그것은 입니다 | 나의 아내의 목걸이 |
|---|---|---|
| – | It's | **my wife's** necklace. |

⇩

② 

| 누구의 것입니까 | 이 목걸이는? | |
|---|---|---|
| **Whose** | is this necklace? ↘ | (소유대명사) |

| | 그것은 입니다 | 나의 아내의 것 |
|---|---|---|
| – | It's | **my wife's.** |

2. ① | 누구의 귀걸이 | 입니까 저것은? |
| --- | --- |
| Whose earings | are those? | (소유격+명사)

| 그것은 입니다 | 나의 숙모의 귀걸이 |
| --- | --- |
| — They're | my aunt's earings. |

⇒

② | 누구의 것입니까 | 저 귀걸이는? |
| --- | --- |
| Whose | are those earings? | (소유대명사)

| 그것은 입니다 | 나의 숙모의 것 |
| --- | --- |
| — They're | my aunt's. |

##  STEP II  영순 – 기본 문형 정리하기

| 아버지의 지갑 | 아버지의 것 |
| --- | --- |
| father's wallet | father's |
| 나의 아들의 오토바이 | 나의 아들의 것 |
| my son's motorcycle | my son's |
| 나의 딸의 선글라스 | 나의 딸의 것 |
| my daughter's sunglasses | my daughter's |
| 당신 남편의 서류가방 | 당신 남편의 것 |
| your husband's suitcase | your husband's |
| 누구의 귀걸이 | 누구의 것 |
| whose earings | whose |

## STEP III  영순 - 기본 문형 더 익히기

⇨1. 아래의 영어문장을 막고 우리말을 영어로 말해보세요.
⇨2. 아래의 우리말을 막고 영어를 왼쪽의 우리말 순서로 말해보세요.

1. 이것은 이다 **나의 아버지의 지갑**
2. 이 지갑은 이다 **나의 아버지의 것**

1. This is **my father's wallet**.
2. This wallet is **my father's**.

3. 저것은 이다 **나의 아들의 오토바이**
4. 저 오토바이는 이다 **나의 아들의 것**

3. That's **my son's motorcycle**.
4. That motorcycle is **my son's**.

5. 이것은 이다 **내 딸의 선글라스**
6. 이 선글라스는 이다 **내 딸의 것**

5. These are **my daughter's sunglasses**.
6. These sunglasses are **my daughter's**.

7. 이것은 입니까 **당신 남편의 서류가방**?
   - 네, 그렇습니다.
   - 아니요, 그렇지 않습니다.
8. 이 서류가방은 입니까 **당신남편의 것**?
   - 네, 그렇습니다.
   - 아니요, 그렇지 않습니다.

7. Is this **your husband's briefcase**?
   - Yes, it is.
   - No, it isn't.
8. Is this briefcase **your husband's**?
   - Yes, it is.
   - No, it isn't.

9. **누구의 목걸이** 입니까 이것은?
   - 그것은 입니다 **나의 아내의 목걸이**
10. **누구의 것입니까** 이 목걸이는?
    - 그것은 입니다 **나의 아내의 것**

9. **Whose necklace** is this?
   - It's **my wife's necklace**.
10. **Whose** is this necklace?
    - It's **my wife's**.

11. **누구의 귀걸이** 입니까 저것은?
    - 그것은 입니다 **나의 숙모의 귀걸이**
12. **누구의 것**입니까 저 귀걸이는?
    - 그것은 입니다 **나의 숙모의 것**
13. 저것은 입니까 **Mr.Lee의 차**?
    - 아니요, 그렇지 않습니다.
    - 그러면, **누구의 것**입니까?
    - 그건 **Mr.Park의 것**입니다.

14. **누구의 구두**입니까 이것은?
    - 그것은 입니다 **나의 삼촌의 것**
    - 저 구두도 입니까 **당신의 삼촌의 것**?
    - 아니요, 그렇지 않습니다.
    - 그러면, **누구의 것**이죠 그것이?
    - 아마 그것은 입니다 **나의 친구 Mr.Kim의 것**

11. **Whose earings** are those?
    - They're **my aunt's earings**.
12. **Whose** are those earings?
    - They're **my aunt's**.
13. Is that **Mr.Lee's car**?
    - No, it isn't.
    - Then, **whose** is it?
    - It's **Mr.Park's**.

14. **Whose shoes** are these?
    - They're **my uncle's**.
    - Are those shoes **your uncle's**, too?
    - No, they aren't.
    - Then, **whose** are they?
    - Maybe they are **my friend, Mr.Kim's**.

CHAPTER TWENTY-NINE  That's my father's wallet

# CHAPTER THIRTY
## 30

| 기본 어휘 (VOCABULARY) 챙기기|

| | |
|---|---|
| time [taim] | 시간 |
| now [nau] | 지금 |
| o'clock [əklák] | 시각, 시 |
| noon [nu:n] | 정오 |
| midnight [mídnait] | 자정 |
| a.m. [éiæm] | 오전 |
| p.m. [píæm] | 오후 |
| just [dʒəst] | 정각 |
| see [si:] | 보다, 이해하다 |

먼저, 이 단원의 핵심내용인 다음의 사항을 참고해 보세요.
– 아래의 우리말을 영어로 말하거나 쓸 수 있나요?

**1. 지금 몇 시입니까?**

– 3시 15분 입니다.

**2. 지금 정각 8시 입니다.**

**3. 지금 자정 입니다.**

**4. 지금 오후 9시 45분 입니다.**

▶ 위의 네 개의 우리말을 영어로 말하거나 쓸 수 있다면 다음 단원으로 넘어가도 좋습니다.
▶ 만약, 그렇지 못하면 다음 페이지로 넘어가 더 자세한 내용을 익혀야 합니다.

# CHAPTER THIRTY (30)

| 지금 몇 시 입니까? | | (우리말 순서) |
|---|---|---|
| 몇 시 입니까 | 지금? | (영어 순서) |
| What time is it | now? | (영어 순서) |

| 7시 30분 입니다. | | (우리말 순서) |
|---|---|---|
| 입니다 | 7시 30분 | (영어 순서) |
| It's | seven thirty | (영어 순서) |

 **STEP I  영순 – 기본문형 이해하기**

▶▶ 시간을 영어로 말할 때 우리말 순서와 정반대입니다.

| 지금 5시 10분 이다. | | | (우리말 순서) |
|---|---|---|---|
| 이다 | 5시 10분 | 지금 | (영어 순서) |
| It's | five ten | now. | (영어 순서) |

시간표시문장은 항상 It로 시작하며 It는 "그것" 이라 해석하지 않고 be동사 is와 묶어 (It's) "이다" 로 해석합니다.

그 다음 시각+분 표현합니다.

> 영순

아래의 여러 가지 시간표현을 익혀볼까요.

1.

| 이다 | 다섯 시 | 지금 |
|---|---|---|
| It's | five o'clock | now. |

※ o'clock(시)은 써도 되고, 안 써도 됩니다.

2.

| 이다 | 5시 10분 | 지금 |
|---|---|---|
| It's | five ten | now. |

3.

| 이다 | 2시 15분 | 지금 |
|---|---|---|
| It's | two fifteen | now. |

4.

| 이다 | 3시 29분 | 지금 |
|---|---|---|
| It's | three twenty-nine | now. |

5.

| 이다 | 3시 30분 | 지금 |
|---|---|---|
| It's | three thirty. | now. |

6.

| 이다 | 9시 35분 | 지금 |
|---|---|---|
| It's | nine thirty-five | now. |

7.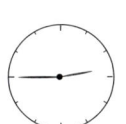

| 이다 | 2시 45분 | 지금 |
|---|---|---|
| It's | two forty-five | now. |

8.

| 이다 | (정각) 8시 | 지금 |
|---|---|---|
| It's | (just) eight o'clock | now. |

9.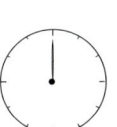

| 이다 | 12시 (정오) | 지금 |
|---|---|---|
| It's | twelve noon | now. |

CHAPTER THIRTY  What time is it now? | **241**

10. 

| 이다 | 12시 (자정) | 지금 |
|---|---|---|
| It's | twelve midnight | now. |

11.

| 이다 | 8시 20분 | 오전 |
|---|---|---|
| It's | eight twenty | a.m. |

12.

| 이다 | 8시 20분 | 오후 |
|---|---|---|
| It's | eight twenty | p.m. |

13.

| 아니다 | 4시 30분 | 지금 |
|---|---|---|
| It's not | four thirty | now. |

14.

| 입니까 | 4시 30분 | 지금 |
|---|---|---|
| Is it | four thirty | now? |

— 

| 네, | 그렇습니다. |
|---|---|
| Yes, | it is. |

—

| 아니요, | 그렇지 않습니다. |
|---|---|
| No, | it's not. |

15.

| 몇 시입니까 | 지금 |
|---|---|
| What time is it | now? |

= What's the time now?

—

| 입니다 | 10시 45분 |
|---|---|
| It's | forty-five. |

※ 위 시간표현방식은 미국에서 일반적으로 흔히 쉽게 사용하는 것들이고 또다른 시간표현방법이 있는데 그것은 뒤에 다시 설명합니다.

〈숫자표현 연습하기〉

시간, 날짜, 액수 등을 표현하려면 숫자를 영어로 표현을 익혀야죠.
먼저 1~99까지의 숫자를 익혀 봅시다.

| | |
|---|---|
| 1 – one [wʌn] | 21 – twenty-one |
| 2 – two [tuː] | 22 – twenty-two |
| 3 – three [θriː] | 23 – twenty-three |
| 4 – four [fɔːr] | 24 – twenty-four |
| 5 – five [faiv] | . |
| 6 – six [siks] | . |
| 7 – seven [sévn] | . |
| 8 – eight [eit] | 30 – thirty [θə́ːrti] |
| 9 – nine [nain] | 31 – thirty-one |
| 10 – ten [ten] | 32 – thirty-two |
| | 33 – thirty-three |
| 11 – eleven [ilévn] | 34 – thirty-four |
| 12 – twelve [twelv] | . |
| 13 – thirteen [θəːrtíːn] | . |
| 14 – fourteen [fɔːrtíːn] | . |
| 15 – fifteen [fiftíːn] | 40 – forty [fɔ́ːrti] |
| 16 – sixteen [sikstíːn] | 50 – fifty [fífti] |
| 17 – seventeen [sevntíːn] | 60 – sixty [síksti] |
| 18 – eighteen [eitíːn] | 70 – seventy [sévnti] |
| 19 – nineteen [naintíːn] | 80 – eighty [éiti] |
| 20 – twenty [twénti] | 90 – ninety [náinti] |

CHAPTER THIRTY What time is it now? | 243

 **STEP II** 영순 - 기본 문형 정리하기

| 입니다 | 7시 35분 | 지금 |
|---|---|---|
| It's | seven thirty-five | now. |

| 입니까 | 7시 35분 | 지금 |
|---|---|---|
| Is it | seven thirty-five | now? |

| 네, | 그렇습니다. |
|---|---|
| Yes, | it is. |

| 아니요, | 그렇지 않습니다. |
|---|---|
| No, | it's not. |

| 몇 시입니까 | 지금 |
|---|---|
| What time is it | now? |

| 입니다 | 9시 20분 |
|---|---|
| It's | nine twenty. |

 **STEP III** 우리말 - 영순 감각으로 익히기

➡1. 아래의 영순을 막고 왼쪽 우리말 순서를 오른쪽 영순처럼 말해보세요. (3회)
➡2. 왼쪽 우리말 순서를 막고, 영순을 말하면서 영순의 감각을 익혀보세요. (3회)

| 우리말 순서 | 영순 |
|---|---|
| 1. 지금 7시 35분입니다. | 1. 입니다 7시 35분 지금 |
| 2. 지금 11시 20분입니다. | 2. 입니다 11시 20분 지금 |
| 3. 지금 7시 35분입니까?<br> - 네, 그렇습니다.<br> - 아니요, 그렇지 않습니다. | 3. 입니까 7시 35분 지금?<br> - 네, 그렇습니다.<br> - 아니요, 그렇지 않습니다. |
| 4. 지금 몇 시입니까?<br> - 지금 3시 50분입니다. | 4. 몇 시입니까 지금?<br> - 입니다 3시 50분 지금 |
| 5. 지금 오전 9시 30분입니다. | 5. 입니다 9시 30분 오전 지금 |
| 6. 지금 여기 한국은 오전 9시입니다. | 6. 입니다 9시 오전 여기 한국은 지금 |

## STEP IV 영순 - 기본문형 더 익히기

⇨1. 아래의 영어문장을 막고 우리말을 영어로 말해보세요.
⇨2. 아래의 우리말을 막고 영어를 왼쪽의 우리말 순서로 말해보세요.

1. 이다 7시 30분 지금
2. 입니까 7시 30분 지금?
   - 네, 그렇습니다.
   - 아니요, 그렇지 않습니다.
3. 몇 시입니까 지금?
   - 입니다 9시 10분
4. 몇 시입니까 지금?
   - 입니다 5시 15분
5. 몇 시입니까 지금?
   - 입니다 5시 25분
6. 몇 시입니까 지금?
   - 입니다 5시 30분
7. 몇 시입니까 지금?
   - 입니다 5시 35분
8. 몇 시입니까 지금?
   - 입니다 5시 45분
9. 입니까 3시 지금?
   - 아니요, 그렇지 않습니다.
   입니다 2시 50분.
   - 감사합니다.
10. 입니까 5시 30분 지금?
    - 아니요, 그렇지 않습니다.
    입니다 정각 6시
    - 대단히 감사합니다.

1. It's seven thirty now.
2. Is it seven thirty now?
   - Yes, it is.
   - No, it's not.
3. What time is it now?
   - It's nine ten.
4. What time is it now?
   - It's five fifteen.
5. What time is it now?
   - It's five twenty-five.
6. What time is it now?
   - It's five thirty.
7. What time is it now?
   - It's five thirty-five.
8. What time is it now?
   - It's five forty-five.
9. Is it three o'clock now?
   - No, it isn't.
   It's two fifty.
   - Thank you.
10. Is it five thirty now?
    - No, it isn't.
    It's just six o'clock.
    - Thank you so much.

11. 입니까 낮 12시 지금 거기 미국은?
 - 아니요, 그렇지 않습니다.
 입니다 밤 12시 지금 여기 미국은
 - 아, 알겠습니다.

12. 입니까 오후 6시 지금 거기 시드니는?
 - 아니요, 입니다 오후 7시 여기 시드니는
 - 아, 알겠습니다. 감사합니다.

13. 몇 시입니까 지금 거기 런던은?
 - 입니다 오전 7시 30분.
 - 아, 알겠습니다.

11. Is it twelve noon now there in America?
 - No, it isn't.
 It's twelve midnight now here in America.
 - Oh, I see.

12. Is it 6 o'clock p.m. now there in Sydney?
 - No, it's 7 o'clock p.m. here in Sydney.
 - Oh, I see, Thank you.

13. What time is it now there in London?
 - It's seven thirty a.m.
 - Oh, I see.

**Be동사와 함께**

간단 회화  마디 (16)

### 무슨 뜻일까요?
(먼저 생각해 보고 아래 우리말 뜻을 확인해 보세요)

1. It's stressful! _____
2. It's a shame! _____
3. It's a pity! _____

▶ 위의 각 문장의 주어를 여러가지로 바꾸어 말해 보세요.
▶ 위의 각 문장을 부정문이나 의문문으로 바꾸어 말해 보세요.

① 그거 열받는 일이야!
② 그건 창피한 일이다!
③ 그거 참 안됐다.

# CHAPTER THIRTY - ONE
# 31

|기본 어휘 (VOCABULARY) 챙기기|

Sunday [sʌ́ndei] 일요일
Monday [mʌ́ndei] 월요일
Tuesday [tjúːzdei] 화요일
Wednesday [wénzdei] 수요일
Thursday [θə́ːrzdei] 목요일
Friday [fráidei] 금요일
Saturday [sǽtədei] 토요일
during [djúːriŋ] 동안
weekend [wíːkend] 주말
boss [bɔs] 사장님, 두목

먼저, 이 단원의 핵심내용인 다음의 사항을 참고해 보세요.
– 아래의 우리말을 영어로 말하거나 쓸 수 있나요?

**1. 오늘은 무슨 요일 입니까?**

 **– 수요일 입니다.**

**2. 브라운씨 부부는 금요일에 바쁩니다.**

**3. 나의 아버지는 주중에 부산에 계십니다.**

▶ 위의 세 개의 우리말을 영어로 말하거나 쓸 수 있다면 다음 단원으로 넘어가도 좋습니다.
▶ 만약, 그렇지 못하면 다음 페이지로 넘어가 더 자세한 내용을 익혀야 합니다.

# CHAPTER THIRTY-ONE (31)

| 오늘은 무슨 요일이죠? | | (우리말 순서) |
|---|---|---|
| 무슨 요일 | 이죠 오늘이 | (영어 순서) |
| What day | is today? | (영어 순서) |

## STEP I  영순 - 기본문형 이해하기

▶▶ "요일"에 관련된 여러가지 표현을 공부해 봅시다.

우리말로- "오늘은 월요일이다"의 영어순서는 우리말과 정반대입니다.

| 오늘은 월요일이다. | | | (우리말 순서) |
|---|---|---|---|
| 이다 | 월요일 | 오늘 | (영어 순서) |
| It's | Monday | today. | (영어 순서) |

요일표현은 꼭 주어 It로 시작하여 그 뒤 be동사(is)로 이어줍니다.
이 때 It는 우리말로 해석하지 않고 be동사(is)를 "이다"로 해석합니다.

| 이다 | 금요일 | 오늘 |
|---|---|---|
| It's | Friday | today. |

영순 2

| 아닙니다 | 금요일 | 오늘 |
|---|---|---|
| It's not | Friday | today. |

| = | 아닙니다 | 금요일 | 오늘 |
|---|---|---|---|
|   | It isn't | Friday | today. |

※ 부정문은 be동사(is)뒤에 not를 붙입니다.
※ It is의 줄임말 It's로 해도 되죠.
※ is not의 줄임말 isn't로 해도 됩니다.

### 영순 3

▶ 위의 영순 1번 문장을 물어보는 **의문문**으로 하려면, **주어(It)와 be동사(is)의 순서를 바꾸고 문장 끝을 올려 읽습니다.**

| 입니까 | 금요일 | 오늘? |
|---|---|---|
| Is it | Friday | today?↗ |

문장 끝을 올려 읽는 의문문의 대답은 꼭 Yes나 No로 대답하죠.

| | 네, | 그렇습니다. |
|---|---|---|
| — | Yes, | it is. |

| | 아니요, | 그렇지 않습니다. | = | 아니요, | 그렇지 않습니다. |
|---|---|---|---|---|---|
| — | No, | it isn't. |   | No, | it's not. |

### 영순 4

▶ 위의 대답에서 아니요 라고 답하면, 다시 다음과 같이 질문할 수 있습니다.

| 무슨 요일이죠 | 오늘이? |
|---|---|
| What day | is today?↘ |

※ 잠깐 여기서 조심 – 위의 의문문을 "무슨날이죠 오늘이?" 라고 해석하면 안됩니다.

| 입니다 | 화요일 |
|---|---|
| It's | Tuesday. |

**영순 5**

▶▶ 요일 앞에 전치사 on를 붙여 정해진 요일을 나타냅니다.

- 월요일에 / on Monday
- 수요일에 / on Wednesday

1. 나는 바쁩니다 / 월요일에
   I'm busy / on Monday.
2. 나의 사장님은 바쁩니다 / 수요일에
   My boss is busy / on Wednesday.
3. Mr. Lee는 바쁩니까 / 금요일에?
   Is Mr. Lee busy / on Friday?

— 네, 그렇습니다. / Yes, he is.

— 아니요, 그렇지 않습니다. / No, he's not. = — 아니요, 그렇지 않습니다. / No, he isn't.

**영순 6**

- 주중에 / during the week
- 주말에 / on the weekend

1. 나의 사장님은 있습니다 / 서울에 / 주중에
   My boss is / in Seoul / during the week.
2. 나의 사장님은 있습니다 / 부산에 / 주말에
   My boss is / in Busan / on the weekend.
3. Mr. Lee는 바쁩니까 / 금요일에?
   Is Mr. Lee busy / on Friday?

| 네, | 그렇습니다. |
|---|---|
| Yes, | he is. |

| 아니요, | 그렇지 않습니다. |
|---|---|
| No, | he isn't. |

| 아니요, | 그렇지 않습니다. |
|---|---|
| No, | he's not. |

 **STEP II  영순 – 기본 문형 정리하기**

| 이다 | 금요일 | 오늘 |
|---|---|---|
| It's | Friday | today. |

| 아니다 | 금요일 | 오늘 | | 아니다 | 금요일 | 오늘 |
|---|---|---|---|---|---|---|
| It isn't | Friday | today. | = | It's not | Friday | today. |

| 입니까 | 금요일 | 오늘 |
|---|---|---|
| Is it | Friday | today? |

| 네, | 그렇습니다. |
|---|---|
| Yes, | it is. |

| 아니요, | 그렇지 않습니다. | | 아니요, | 그렇지 않습니다. |
|---|---|---|---|---|
| No, | it's not. | = | No, | it isn't. |

| 무슨요일 입니까 | 오늘 |
|---|---|
| What day is | today? |

| 입니다 | 화요일 |
|---|---|
| It's | Tuesday. |

 **STEP III 우리말 - 영순감각으로 익히기**

⇨1. 아래의 영순을 막고 왼쪽 우리말 순서를 오른쪽 영순처럼 말해보세요. (3회)
⇨2. 왼쪽 우리말 순서를 막고, 영순을 말하면서 영순의 감각을 익혀보세요. (3회)

| 우리말 순서 | 영순 |
|---|---|
| 1. 오늘은 월요일 이다. | 1. 이다 월요일 오늘 |
| 2. 오늘은 월요일이 아니다. | 2. 아니다 월요일 오늘 |
| 3. 나는 월요일에 바쁩니다. | 3. 나는 바쁩니다 월요일에 |
| 4. 오늘이 무슨 요일이죠?<br>- 오늘은 화요일입니다. | 4. 무슨 요일이죠 오늘?<br>- 입니다 화요일 오늘 |
| 5. 나의 사장님은 주말에 부산에 있습니다. | 5. 나의 사장님은 있습니다 부산에 주말에 |

 **STEP IV 영순 - 기본 문형 더 익히기**

⇨1. 아래의 영어문장을 막고 우리말을 영어로 말해보세요.
⇨2. 아래의 우리말을 막고 영어를 왼쪽의 우리말 순서로 말해보세요.

1. 입니다 금요일 오늘
2. 입니다 수요일 오늘
3. 입니다 토요일 오늘

1. It's Friday today.
2. It's Wednesday today.
3. It's Saturday today.

4. 아닙니다 화요일 오늘
5. 아닙니다 목요일 오늘
6. 아닙니다 월요일 오늘

4. It's not Tuesday today.
5. It's not Thursday today.
6. It's not Monday today.

7. 입니까 일요일 오늘?
   - 네, 그렇습니다.
   - 아니요, 그렇지 않습니다.

7. Is it Sunday today?
   - Yes, it is.
   - No, it's not.

8. 입니까 금요일 오늘?
   - 네, 그렇습니다.
   - 아니요, 그렇지 않습니다.

9. 무슨 요일입니까 오늘?
   - 입니다 화요일
10. 무슨 요일입니까 오늘?
    - 입니다 토요일

11. 나는 바쁩니다 화요일에
12. 당신은 바쁩니까 토요일에?
    - 네, 그렇습니다.
    - 아니요, 그렇지 않습니다.
13. Mr. Lee는 바쁩니까 금요일에?
    - 네, 그렇습니다.
    - 아니요, 그렇지 않습니다.
14. 당신의 사장님은 바쁩니까 월요일에?
    - 네, 그렇습니다.
    - 아니요, 그렇지 않습니다.

15. 나의 남편은 바쁩니다 주중에
16. 당신의 남편은 바쁩니까 주중에?
    - 네, 그렇습니다.
    - 아니요, 그렇지 않습니다.
17. 그는 바쁘지 않습니다 주말에는
18. 있습니까 당신의 사장님은 서울에 주중에?
    - 네, 그렇습니다.
    - 그러나 그는 있습니다 부산에 주말에
    - 아, 알겠습니다.

8. Is it Friday today?
   - Yes, it is.
   - No, it's not.

9. What day is today?
   - It's Tuesday.
10. What day is today?
    - It's Saturday.

11. I'm busy on Tuesday.
12. Are you busy on Saturday?
    - Yes, I am.
    - No, I'm not.
13. Is Mr. Lee busy on Friday?
    - Yes, he is.
    - No, he isn't.
14. Is your boss busy on Monday?
    - Yes, he is.
    - No, he isn't.

15. My husband is busy during the week.
16. Is your husband busy during the week?
    - Yes, he is.
    - No, he isn't.
17. He's not busy on the weekend.
18. Is your boss in Seoul during the week?
    - Yes, he is.
    - But he's in Busan on the weekend.
    - Oh, I see.

# CHAPTER THIRTY-TWO
# 32

## |기본 어휘 (VOCABULARY) 챙기기|

| | |
|---|---|
| birthday [bə́:rθdei] | 생일 |
| Christmas [krísməs] | 크리스마스 |
| summer [sʌ́mə] | 여름 |
| holiday [hálədei] | 휴일 |
| free [fri:] | 한가한 |
| date [deit] | 날짜, 데이트 |
| Buddha [búdə:] | 부처님 |
| winter [wíntər] | 겨울 |

먼저, 이 단원의 핵심내용인 다음의 사항을 참고해 보세요.
- 아래의 우리말을 영어로 말하거나 쓸 수 있나요?

**1. 오늘은 며칠입니까?**

 **- 9월 20일 입니다.**

**2. 당신은 8월 12일에 시간 있으세요?**

**3. 당신의 여름 휴가는 언제입니까?**

 **- 7월 30일 입니다.**

▶ 위의 세 개의 우리말을 영어로 말하거나 쓸 수 있다면 다음 단원으로 넘어 가도 좋습니다.
▶ 만약, 그렇지 못하면 다음 페이지로 넘어가 더 자세한 내용을 익혀야 합니다.

# CHAPTER THIRTY-TWO (32)

| 오늘이 며칠 입니까? | | (우리말 순서) |
|---|---|---|
| 며칠입니까 | 오늘이? | (영어 순서) |
| What's the date | today? | (영어 순서) |

| 4월 23일 입니다 | | (우리말 순서) |
|---|---|---|
| 입니다 | 4월 23일 | (영어 순서) |
| It's | April twenty-third | (영어 순서) |

 **STEP I   영순 - 기본문형 이해하기**

▶▶ 날짜를 표현하는 공부를 해볼까요? 우리말로 "오늘은 3월 7일이다." 의 순서이지만 영어는 **"이다 3월 7일 오늘"** 의 순서로 우리말과 반대 어순 입니다. 역시 "이다"는 It's로 시작합니다.

**영순 1**

| 이다 | 3월 7일 | 오늘 |
|---|---|---|
| It's | March seventh | today. |

※ 날짜는 서수로 표현하는 것이 원칙이지만 기수로 표현하기도 합니다. 뒷페이지의 기수와 서수 의 도표를 잘 익혀두세요.

**영순 2**

1. | 이다 | 5월 27일 | 오늘 |
   |---|---|---|
   | It's | May 27th | today. |

2. | 아니다 | 5월 27일 | 오늘 |   (부정문)
   |---|---|---|
   | It's not | May 27th | today. |

3. | 입니까 | 5월 27일 | 오늘? |   (의문문)
   |---|---|---|
   | Is it | May 27th | today?↗ |

— | 네, | 그렇습니다. |
  |---|---|
  | Yes, | it is. |

— | 아니요, | 그렇지 않습니다. |
  |---|---|
  | No, | it's not. |

**영순 3**

| 며칠 입니까 | 오늘 |
|---|---|
| What's the date | today?↘ |

※의문사로 시작한 의문문은 끝을 내려읽고 대답은 Yes나 No로 하지 않죠.

— | 입니다 | 7월 3일 |
  |---|---|
  | It's | July third. |

**영순 4**

1. | 언제입니까 | 당신의 생일? |
   |---|---|
   | When's | your birthday? |

— | 입니다 | 10월 28일 |
  |---|---|
  | It's | October 28th. |

2. | 언제입니까 | 당신의 아버지의 생일? |
   |---|---|
   | When's | your father's birthday? |

— | 입니다 | 4월 22일 |
  |---|---|
  | It's | April 22nd. |

3. | 언제입니까 | 크리스마스가? |
|---|---|
| When's | Christmas? |

— | 그것은 입니다 | 12월 25일 |
|---|---|
| It's | December 25th. |

▶▶ 특정한 날이나 날짜를 표현할 때는 **전치사 on**을 씁니다.

- 4월 10일에  
  on April 10th
- 12월 25일에  
  on December 25th
- 크리스마스에  
  on Christmas Day
- 나의 생일날에  
  on my birthday
- 석가탄신일에  
  on Buddha's Day

1. | 우리는 행복합니다 | 크리스마스에 |
|---|---|
| We're happy | on Christmas Day. |

2. | 있습니다 | 많은 사람들이 | 절에 | 석가탄신일에 |
|---|---|---|---|
| There are | many people | at temple | on Buddha's Day. |

3. | 나는 한가합니다 | 3월 1일에 |
|---|---|
| I'm free | on March 1st. |

4. | 당신은 시간 있습니까 | 6월 10일에 |
|---|---|
| Are you free | on June 10th? |

— | 네, | 그렇습니다. |
|---|---|
| Yes, | I am. |

— | 아니요, | 그렇지 않습니다. |
|---|---|
| No, | I'm not. |

### ⟨1~90의 기수와 서수⟩

| 숫자 | 기수 | 서수 | 숫자 | 기수 | 서수 |
|---|---|---|---|---|---|
| 1 | one | first = 1st | 20 | twenty | twentieth = 20th |
| 2 | two | second = 2nd | 21 | twenty-one | twenty-first = 21st |
| 3 | three | third = 3rd | 22 | twenty-two | twenty-second = 22nd |
| 4 | four | fourth = 4th | 23 | twenty-three | twenty-third = 23rd |
| 5 | five | fifth = 5th | 24 | twenty-four | twenty-fourth = 24th |
| 6 | six | sixth = 6th | 25 | twenty-five | twenty-fifth = 25th |
| 7 | seven | seventh = 7th | | | ⋮ |
| 8 | eight | eighth = 8th | 30 | thirty | thirtieth = 30th |
| 9 | nine | ninth = 9th | 31 | thirty-one | thirty-first = 31st |
| 10 | ten | tenth = 10th | 32 | thirty-two | thirty-second = 32nd |
| 11 | eleven | eleventh = 11th | 33 | thirty-three | thirty-third = 33rd |
| 12 | twelve | twelfth = 12th | 34 | thirty-four | thirty-fourth = 34th |
| 13 | thirteen | thirteenth = 13th | | | ⋮ |
| 14 | fourteen | fourteenth = 14th | 40 | forty | fortieth = 40th |
| 15 | fifteen | fifteenth = 15th | 50 | fifty | fiftieth = 50th |
| 16 | sixteen | sixteenth = 16th | 60 | sixty | sixtieth = 60th |
| 17 | seventeen | seventeenth = 17th | 70 | seventy | seventieth = 70th |
| 18 | eighteen | eighteenth = 18th | 80 | eighty | eightieth = 80th |
| 19 | nineteen | nineteenth = 19th | 90 | ninety | ninetieth = 90th |

## ✌ STEP Ⅱ  영순 - 기본 문형 정리하기

| 이다 | 6월 23일 | 오늘 |
|---|---|---|
| It's | June 23rd | today. |

| 아니다 | 6월 23일 | 오늘 |
|---|---|---|
| It's not | June 23rd | today. |

| 입니까 | 6월 23일 | 오늘? |
|---|---|---|
| Is it | June 23rd | today?↗ |

| 네, | 그렇습니다. |
|---|---|
| Yes, | it is. |

| 아니요, | 그렇지 않습니다. |
|---|---|
| No, | it's not. |

| 며칠입니까 | 오늘? |
|---|---|
| What's the date | today? |

| 입니다 | 8월 17일 |
|---|---|
| It's | August 17th. |

| 언제입니까 | 당신의 생일? |
|---|---|
| When's | your birthday? |

| 입니다 | 9월 28일 |
|---|---|
| It's | September 28th |

##  STEP Ⅲ 우리말 - 영순감각으로 익히기

⇨1. 아래의 영순을 막고 왼쪽 우리말 순서를 오른쪽 영순처럼 말해보세요. (3회)
⇨2. 왼쪽 우리말 순서를 막고, 영순을 말하면서 영순의 감각을 익혀보세요. (3회)

| 우리말 순서 | 영 순 |
|---|---|
| 1. 오늘은 10월 20일 이다. | 1. 이다 10월 20일 오늘 |
| 2. 오늘은 10월 20일이 아니다. | 2. 아니다 10월 20일 오늘 |
| 3. 오늘은 10월 20일 입니까?<br>– 네, 그렇습니다.<br>– 아니요, 그렇지 않습니다. | 3. 입니까 10월 20일 오늘?<br>– 네, 그렇습니다.<br>– 아니요, 그렇지 않습니다. |
| 4. 오늘 며칠 입니까?<br>– 오늘 4월 5일입니다. | 4. 며칠입니까 오늘?<br>– 입니다 4월 5일 오늘 |
| 5. 당신의 생일은 언제 입니까?<br>– 나의 생일은 10월 28일입니다. | 5. 언제입니까 당신의 생일은?<br>– 그것은 입니다 10월 28일 |

## STEP IV  영순 – 기본문형 더 익히기

⇨1. 아래의 영어문장을 막고 우리말을 영어로 말해보세요.
⇨2. 아래의 우리말을 막고 영어를 왼쪽의 우리말 순서로 말해보세요.

1. 이다 1월 21일 오늘
2. 이다 11월 4일 오늘
3. 이다 9월 19일 오늘
4. 아니다 2월 6일 오늘
5. 아니다 10월 15일 오늘
6. 입니까 3월 24일 오늘?
   - 네, 그렇습니다.
   - 아니요, 그렇지 않습니다.
7. 입니까 4월 27일 오늘?
   - 네, 그렇습니다.
   - 아니요, 그렇지 않습니다.
8. 입니까 6월 25일 오늘?
   - 네, 그렇습니다.
   - 아니요, 그렇지 않습니다.
9. 며칠입니까 오늘?
   - 그것은 입니다 8월 31일
10. 언제입니까 당신의 생일?
    - 그것은 입니다 7월 10일
11. 언제입니까 당신의 부인의 생일이?
    - 그것은 입니다 4월 24일
12. 언제입니까 석가탄신일이?
    - 그것은 입니다 4월 8일

1. It's January 21st today.
2. It's November 4th today.
3. It's September 19th today.
4. It's not February 6th today.
5. It's not October 15th today.
6. Is it March 24th today?
   - Yes, it is.
   - No, it's not.
7. Is it April 27th today?
   - Yes, it is.
   - No, it's not.
8. Is it June 25th today?
   - Yes, it is.
   - No, it's not.
9. What's the date today?
   - It's August 31st.
10. When's your birthday?
    - It's July 10th.
11. When's your wife's birthday?
    - It's April 24th.
12. When's Buddha's Day?
    - It's April 8th.

13. 언제입니까 크리스마스가?
    - 그것은 입니다 12월 25일
14. 당신은 행복합니까 당신생일날에?
    - 네, 그렇습니다.
    - 아니요, 그렇지 않습니다.
15. 당신은 한가합니까 1월 1일에?
    - 네, 그렇습니다.
    - 아니요, 그렇지 않습니다.
16. 우리는 행복합니다 크리스마스에
17. 있습니다 많은 사람들이 절에
    석가탄신일날
18. 있습니까 많은 사람들이
    절에 크리스마스 날에?
    - 아니오 없습니다.
    - 있습니다 많은 사람들이
      교회에 크리스마스 날에는.
    - 당신 말이 맞습니다.

13. When's Christmas?
    - It's December 25th.
14. Are you happy on your birthday?
    - Yes, I am.
    - No, I'm not.
15. Are you free on January 1st?
    - Yes, I am.
    - No, I'm not.
16. We're happy on Christmas Day.
17. There are many people
    at temple on Buddha's Day.
18. Are there many people
    at temple on Christmas?
    - No, there aren't.
    - There are many people
      at church on Christmas.
    - You're right.

## Be동사와 함께 간단 회화 마디 (17)

**무슨 뜻일까요?**
(먼저 생각해 보고 아래 우리말 뜻을 확인해 보세요)

1. He's a heavy smoker. _____
2. He's a heavy drinker. _____
3. He's a couch potato. _____

▶ 위의 각 문장의 주어를 여러가지로 바꾸어 말해 보세요.
▶ 위의 각 문장을 부정문이나 의문문으로 바꾸어 말해 보세요.

① 그는 골초야.
② 그는 술고래야.
③ 그는 게으름뱅이야.

# CHAPTER THIRTY-THREE
## 33

|기본 어휘 (VOCABULARY) 챙기기|

| weather [wéðər] | 날씨 |
| bright [brait] | 밝은 |
| dark [da:rk] | 어두운 |
| sunny [sʌ́ni] | 화창한 |
| cloudy [kláudi] | 흐린 |
| windy [wíndi] | 바람부는 |
| foggy [fɔ́gi] | 안개낀 |
| warm [wɔ:rm] | 따뜻한 |
| chilly [tʃíli] | 쌀쌀한 |
| fall [fɔ:l] | 가을(미국) |
| autumn [ɔ́:təm] | 가을(영국) |
| basement [béismənt] | 지하실 |
| Hawaii [hawái] | 하와이 |
| Russia [rʌ́ʃə] | 러시아 |

먼저, 이 단원의 핵심내용인 다음의 사항을 참고해 보세요.
– 아래의 우리말을 영어로 말하거나 쓸 수 있나요?

**1. 오늘 여기 서울엔 흐리다.**

**2. 이 방은 어둡습니다.**

**3. 여기 한국은 봄에 매우 따뜻합니다.**

▶ 위의 세 개의 우리말을 영어로 말하거나 쓸 수 있다면 다음 단원으로 넘어 가도 좋습니다.
▶ 만약, 그렇지 못하면 다음 페이지로 넘어가 더 자세한 내용을 익혀야 합니다.

# CHAPTER THIRTY-THREE (33)

| 오늘 날씨가 어때요? | | | (우리말 순서) |
|---|---|---|---|
| 어때요 | 날씨가 | 오늘? | (영어 순서) |
| How's | the weather | today? | (영어 순서) |

| 화창해요 | | 오늘 | (영어 순서) |
|---|---|---|---|
| It's | sunny | today. | (영어 순서) |

## STEP I  영순 - 기본문형 이해하기

▶ 앞 과에서 시간, 요일, 날짜, 거리 등을 표현하는 영어에서 It's~로 시작한다고 공부했습니다.

▶▶ It's로 시작하는 영어표현을 좀 더 공부해봅시다. **명암, 날씨, 기후, 계절**을 표현할 때에도 It's로 시작합니다. 주어 It는 우리말로 굳이 해석하지 않으며 이 It를 비인칭주어라 하지요.

▶ 아래의 단어들을 이용하여 여러 가지 표현을 말 할 수 있습니다.
  ① **명암**의 단어들 - bright(밝은), dark(어두운)
  ② **날씨**의 단어들 - fine(맑은), sunny(화창한), cloudy(흐린),
        windy(바람 부는), foggy(안개 낀)
  ③ **기후**의 단어들 - cold(추운), hot(더운), cool(서늘한), warm(따뜻한), chilly(쌀쌀한)
  ④ **계절**의 단어들 - spring(봄), summer(여름), fall(가을-미국식),
        autumn(가을-영국식), winter(겨울)

▶ 위의 어휘들을 이용하여 여러 표현을 연습해 봅시다.

**영순 1**    1. 명암

① | 밝다 | 이 방은 |
  | It's bright | in this room. |

② | 어둡다 | 이 거실은 |
  | It's dark | in this living room. |

③ | 매우 어둡다 | 저 지하실은 |
  | It's very dark | in that basement. |

**영순 2**    2. 날씨

① | 날씨 좋다 | 오늘 |
  | It's fine | today. |

② | 화창하다 | 지금 | 여기 서울엔 |
  | It's sunny | now | here in Seoul. |

③ | 흐리다 | 오늘 | 여기 광주엔 |
  | It's cloudy | today | here in Gwang-ju City. |

④ | 흐리고 바람이 분다 | 오늘 | 여기 인천엔 |
  | It's cloudy and windy | today | here in Incheon. |

⑤ | 어때요 날씨가 | 거기 홍콩은? |
  | How's the weather | there in Hong Kong? |

— | 안개가 끼었어요 | 여기 홍콩은 |
  | It's foggy | here in Hong Kong. |

CHAPTER THIRTY-THREE  How's the weather today?

**영순 3**

### 3. 기후

① 춥다 / 오늘
It's cold today.

② 춥습니까 / 오늘 / 그 곳 뉴욕은?
Is it cold today there in New York?

— 예, / 매우 춥습니다 / 여기 뉴욕은
Yes, it's very cold here in New York.

— 아니요 / 그렇게 춥지않아요
No, It's not so cold.

③ 어때요 날씨가 / 오늘 아침에?
How's the weather this morning?

— 매우 쌀쌀합니다.
It's very chilly.

**영순 4**

### 4. 계절

① 봄입니다 / 지금 / 여기 한국은?
It's spring now here in Korea.

② 봄입니까 / 지금 / 거기 호주는?
Is it spring now there in Australia?

— 네, / 그렇습니다.
Yes, it is.

— 아니요. / 가을입니다 / 지금
No. It's fall(autumn) now.

**영순 5**

▶▶ 계절을 나타낼 때는 전치사 in을 씁니다.

- 봄에는 — in spring
- 여름에는 — in summer
- 가을에는 — in fall(autumn)
- 겨울에는 — in winter

1. 따뜻하다 It's warm / 봄에는 in spring.
2. 덥다 It's hot / 여름에는 in summer.
3. 시원하다 It's cool / 가을에는 in fall.
4. 춥다 It's cold / 겨울에는 in winter.

## STEP II 영순 - 기본 문형 정리하기

1. 명암
   - 밝다 It's bright.
   - 어둡다 It's dark.

2. 날씨
   - 어때요 날씨가? How's the weather?
   - 날씨 좋다 It's fine.
   - 화창하다 It's sunny.

| | 흐리다 | | 어둡다 |
|---|---|---|---|
| | It's cloudy. | | It's dark. |

| | 흐리고 바람이 분다 |
|---|---|
| | It's cloudy and windy. |

3. 기후

| 어때요 날씨가? |
|---|
| How's the weather? |

| 춥다 | | 덥다 |
|---|---|---|
| It's cold. | | It's hot. |
| 춥나요? | | 덥나요? |
| Is it cold? | | Is it hot? |

4. 계절

| 봄이다 | | 겨울이다 |
|---|---|---|
| It's spring. | | It's winter. |

 **STEP Ⅲ** 우리말 - 영순감각으로 익히기

⇨1. 아래의 영순을 막고 왼쪽 우리말 순서를 오른쪽 영순처럼 말해보세요. (3회)
⇨2. 왼쪽 우리말 순서를 막고, 영순을 말하면서 영순의 감각을 익혀보세요. (3회)

| 우리말 순서 | 영순 |
|---|---|
| 1. 이 방은 밝다. | 1. 밝다 이 방은 |
| 2. 이 지하실은 매우 어둡다. | 2. 매우 어둡다 이 지하실은 |
| 3. 여기 서울엔 지금 화창하다. | 3. 화창하다 지금 여기 서울엔 |
| 4. 거기 홍콩은 오늘 날씨가 어때요? | 4. 어때요 날씨가 오늘 거기 홍콩은? |
| 5. 여기 한국은 지금 봄입니다. | 5. 봄입니다 지금 여기 한국은 |
| 6. 그 곳 호주에는 겨울에 춥습니까?<br>- 아니요, 그렇게 춥지 않아요. | 6. 춥습니까 그 곳 호주에는 겨울에?<br>- 아니요, 그렇게 춥지 않아요. |

## STEP Ⅳ  영순 - 기본문형 더 익히기

➡1. 아래의 영어문장을 막고 우리말을 영어로 말해보세요.
➡2. 아래의 우리말을 막고 영어를 왼쪽의 우리말 순서로 말해보세요.

| | |
|---|---|
| 1. 밝다 | 1. It's bright. |
| 2. 밝다 이 방은 | 2. It's bright in this room. |
| 3. 어둡다 | 3. It's dark. |
| 4. 어둡다 이 거실은 | 4. It's dark in this living room. |
| 5. 매우 어둡다 저 지하실은 | 5. It's very dark in that basement. |
| 6. 날씨 좋다 오늘 | 6. It's fine today. |
| 7. 화창하다 지금 여기 서울엔 | 7. It's sunny now here in Seoul. |
| 8. 흐리다 오늘 | 8. It's cloudy today. |
| 9. 흐리다 오늘 여기 광주에는 | 9. It's cloudy here in Gwang-ju City. |
| 10. 흐리고 바람이 불어요 오늘 여기 인천에는 | 10. It's cloudy and windy today here in Incheon. |
| 11. 어때요 날씨가 오늘 거기 홍콩은? | 11. How's the weather today there in Hong Kong? |
|    - 안개가 잔뜩 끼었어요 여기 홍콩엔 |    - It's very foggy here in Hong Kong. |
| 12. 춥다 | 12. It's cold. |
| 13. 매우 춥다 오늘 | 13. It's very cold today. |
| 14. 매우 춥다 오늘 여기 도쿄엔 | 14. It's very cold today here in Tokyo. |
| 15. 덥습니까 오늘 거기 뉴욕엔? | 15. Is it hot today there in New York? |
|    - 네, 매우 덥습니다 여기 뉴욕엔 |    - Yes, it's very hot here in New York. |
|    - 아니요, 그렇게 덥지 않아요 |    - No, it's not so hot. |
| 16. 어때요 날씨가 오늘 아침에? | 16. How's the weather this morning? |
|    - 매우 쌀쌀합니다 |    - It's very chilly. |
| 17. 봄이다 | 17. It's spring. |
| 18. 봄이다 지금 | 18. It's spring now. |
| 19. 봄이다 지금 여기 한국은 | 19. It's spring here in Korea. |

CHAPTER THIRTY-THREE  How's the weather today?

20. 겨울입니까?
21. 겨울입니까 지금 거기 호주는?
    - 네, 그렇습니다.
    - 아니요. 가을입니다 지금
22. 따뜻합니다 봄에는
23. 따뜻합니다 여기 한국이 봄에는
24. 매우 덥습니다 하와이는 여름에
25. 매우 춥습니다 러시아에는 겨울에

20. Is it winter?
21. Is it winter now there in Australia?
    - Yes, it is.
    - No, it's autumn now.
22. It's warm in spring.
23. It's warm here in Korea in spring.
24. It's very hot in Hawaii in summer.
25. It's very cold in Russia in winter.

**Be동사와 함께**

간단 회화  마디 (18)

### 무슨 뜻일까요?
(먼저 생각해 보고 아래 우리말 뜻을 확인해 보세요)

1. Mom is a vegetarian. _____
2. Dad is a meat eater. _____
3. I'm a fruits nut. _____

▶ 위의 각 문장의 주어를 여러가지로 바꾸어 말해 보세요.
▶ 위의 각 문장을 부정문이나 의문문으로 바꾸어 말해 보세요.

① 엄마는 채식주의자.
② 아빠는 육식주의자.
③ 나는 과일광이야.

# CHAPTER THIRTY - FOUR

# 34

## |기본 어휘 (VOCABULARY) 챙기기|

favorite [féivərit]    가장 좋아하는
season [síːzn]    계절
animal [ǽnəməl]    동물
subject [sʌ́bdʒikt]    과목
hero [híərou]    영웅
puppy [pʌ́pi]    강아지
admiral [ǽdmirəl]    해군제독
statesman [stéitsmən]    정치인
cash [kæʃ]    현금
relative [rélətiv]    친척

먼저, 이 단원의 핵심내용인 다음의 사항을 참고해 보세요.
– 아래의 우리말을 영어로 말하거나 쓸 수 있나요?

**1. 당신이 가장 좋아하는 계절은 무엇입니까?**

　– 내가 좋아하는 계절은 가을입니다.

**2. 당신의 아버지가 가장 좋아하는 가수는 누구인가요?**

　– 그가 좋아하는 가수는 조용필입니다.

**3. 어렸을 때 당신이 가장 좋아했던 음식은 무엇이었나요?**

　– 내가 좋아한 것은 자장면이었습니다.

▶ 위의 세 개의 질문과 대답을 영어로 말하거나 쓸 수 있다면 다음 단원으로 넘어가도 좋습니다.
▶ 만약, 그렇지 못하면 다음 페이지로 넘어가 더 자세한 내용을 익혀야 합니다.

# CHAPTER THIRTY-FOUR (34)

| 당신이 가장 좋아하는 계절이 무엇입니까? | (우리말 순서) |
|---|---|

| 무엇입니까 | 당신이 가장 좋아하는 계절이 | (영어 순서) |
|---|---|---|
| What's | you favorite season? | (영어 순서) |

## STEP I  영순 - 기본문형 이해하기

▶▶ "당신이 가장 좋아하는 ~는 ~입니까?" 라고 질문하는 여러 가지 의문문과 그 대답의 표현을 공부해봅시다.

### 영순 1

1. 
| 무엇입니까 | 당신이 가장 좋아하는 계절이? |
|---|---|
| What's | your favorite season? |

   – 
| 내가 가장 좋아하는 계절은 입니다 | 봄 |
|---|---|
| My favorite season is | spring |

2. 
| 무엇입니까 | 당신이 가장 좋아하는 동물은? |
|---|---|
| What's | your favorite animal? |

   – 
| 내가 가장 좋아하는 동물은 입니다 | 강아지 |
|---|---|
| My favorite animal is | a puppy. |

3. 
| 무엇입니까 | 그가 가장 좋아하는 과목은? |
|---|---|
| What's | his favorite subject? |

   – 
| 그가 가장 좋아하는 과목은 입니다 | 과학 |
|---|---|
| His favorite (subject) is | science. |

※ 질문에 대답할 때 favorite 다음의 명사는 반복되므로 생략할 수 있습니다.

**영순 2**

1. | 누구입니까 | 당신이 가장 좋아하는 영화배우는? |
   |---|---|
   | Who's | your favorite movie star? |

   - | 내가 가장 좋아하는 배우는 입니다 | 장동건 |
     |---|---|
     | My favorite (movie star) is | Jang Dong-gun. |

2. | 누구입니까 | 당신의 어머니가 가장 좋아하는 가수는? |
   |---|---|
   | Who's | your mother's favorite singer? |

   - | 그녀가 가장 좋아하는 가수는 입니다 | 조용필 |
     |---|---|
     | Her favorite (singer) is | Cho Yong-pil. |

3. | 누구입니까 | 당신의 아들이 가장 좋아하는 선수는? |
   |---|---|
   | Who's | your son's favorite athlete? |

   - | 그가 좋아하는 선수는 이다 | 류현진 |
     |---|---|
     | His favorite is | Ryu Hyun-jin. |

 **STEP II  영순 - 기본 문형 정리하기**

| 의문문 | 대답 |
|---|---|
| What's your favorite ~ ? | My favorite is ~. |
| What's your father's favorite ~? | His favorite is ~. |
| Who's your favorite ~? | My favorite is ~. |
| Who's your mother's favorite ~? | Her favorite is ~. |

 **STEP III  우리말 - 영순감각으로 익히기**

⇨1. 아래의 영순을 막고 왼쪽 우리말 순서를 오른쪽 영순처럼 말해보세요. (3회)
⇨2. 왼쪽 우리말 순서를 막고, 영순을 말하면서 영순의 감각을 익혀보세요. (3회)

CHAPTER THIRTY-FOUR  What's you favorite season?

| 우리말 순서 | 영순 |
|---|---|
| 1. 당신이 가장 좋아하는 계절은 무엇입니까?<br>　- 내가 가장 좋아하는 계절은 봄이다. | 1. 무엇입니까 당신이 가장 좋아하는 계절은?<br>　- 내가 가장 좋아하는 계절은 입니다 봄. |
| 2. 당신이 가장 좋아하는 동물은 무엇입니까?<br>　- 내가 가장 좋아하는 것은 강아지입니다. | 2. 무엇입니까 당신이 가장 좋아하는 동물은?<br>　- 내가 가장 좋아하는 것은 이다 강아지. |
| 3. 당신의 아버지가 가장 좋아하는 영화배우는 누구입니까?<br>　- 그가 가장 좋아하는 배우는 장동건입니다. | 3. 누구입니까 당신의 아버지가 가장 좋아하는 영화배우는?<br>　- 그가 가장 좋아하는 배우는 이다 장동건. |
| 4. Mr. Lee가 가장 좋아하는 가수는 누구입니까?<br>　- 그가 가장 좋아하는 가수는 장윤정입니다. | 4. 누구입니까 Mr. Lee가 가장 좋아하는 가수는?<br>　- 그가 가장 좋아하는 가수는 이다 장윤정. |

##  STEP IV  영순 - 기본문형 더 익히기

⇨1. 아래의 영어문장을 막고 우리말을 영어로 말해보세요.
⇨2. 아래의 우리말을 막고 영어를 왼쪽의 우리말 순서로 말해보세요.

1. 무엇입니까 당신이 가장 좋아하는 음식이?
　- 내가 가장 좋아하는 것은 입니다 불고기.

1. What's your favorite food?
　- My favorite is Bulgogi.

2. 무엇입니까 당신이 가장 좋아하는 색깔이?
　- 내가 가장 좋아하는 것은 입니다 핑크색.

2. What's your favorite color?
　- My favorite is pink.

3. 무엇입니까 당신의 어머니가 가장 좋아하는 TV프로는?
　- 그녀가 가장 좋아하는 것은 입니다 연속극.

3. What's your mother's TV program?
　- Her favorite is soap opera.

4. 무엇입니까 당신의 아들이 가장 좋아하는 음식은?
   - 그가 가장 좋아하는 것은 돈가스입니다.

4. What's your son's favorite food?
   - His favorite is pork cutlet.

5. 무엇입니까 당신의 아내가 가장 좋아하는 것은?
   - 그녀가 가장 좋아하는 것은 입니다 현금.

5. What's your wife's favorite thing?
   - Her favorite is cash.

6. 누구입니까 당신이 가장 좋아하는 임금은?
   - 내가 가장 좋아하는 임금은 입니다 세종대왕.

6. Who's your favorite king?
   - My favorite is King Sejong.

7. 누구입니까 당신이 가장 좋아하는 정치가는?
   - 내가 가장 좋아하는 분은 입니다 존.F케네디.

7. Who's your favorite statesman?
   - My favorite is John F Kennedy.

8. 누구입니까 철수가 가장 좋아하는 축구선수는?
   - 그가 가장 좋아하는 선수는 입니다 박지성.

8. Who's Chulsoo's favorite soccer player?
   - His favorite is Park Ji-sung.

9. 누구입니까 당신의 아들이 가장 좋아하는 선생님은?
   - 그가 가장 좋아하는 선생님은 입니다 영어선생님.

9. Who is your son's favorite teacher?
   - His favorite is an English teacher.

10. 누구입니까 한국사람들이 가장 좋아하는 가수는?
    - 그들이 가장 좋아했던 가수는 입니다 조용필.

10. Who was Koreans' favorite singer?
    - Their favorite is Jo Yong-pil.

# CHAPTER THIRTY - FIVE
# 35

## |기본 어휘 (VOCABULARY) 챙기기|

| | |
|---|---|
| was [wʌz] | am, is의 과거형 |
| were [wəːr] | are의 과거형 |
| last [læst] | 지난, 마지막 |
| year [jiər] | 년, 해 |
| tired [taiərd] | 피곤한 |
| hungry [hʌ́ŋgri] | 배고픈 |
| yesterday [jéstərdei] | 어제 |
| before [bifɔ́ːr] | ~전에 |
| night [nait] | 밤 |
| month [mʌnθ] | 달 |
| ago [əgóu] | ~전에 |
| difficult [dífikʌlt] | 어려운 |
| rich [ritʃ] | 부유한 |
| famous [féiməs] | 유명한 |
| around [əraund] | 둘레에 |
| world [wəːrld] | 세계 |
| middle [mídl] | 중간의 |
| high [hai] | 높은 |

먼저, 이 단원의 핵심내용인 다음의 사항을 참고해 보세요.
– 아래의 우리말을 영어로 말하거나 쓸 수 있나요?

**1. 난 어렸을 때 매우 행복했어.**

**2. 넌 중학교시절에 나의 친한 친구였어.**

**3. 그녀는 10년 전에 매우 날씬했어.**

▶ 위의 세가지 우리말을 영어로 말하거나 쓸 수 있다면 다음 단원으로 넘어가도 좋습니다.
▶ 만약, 그렇지 못하면 다음 페이지로 넘어가 더 자세한 내용을 익혀야 합니다.

# CHAPTER THIRTY-FIVE (35)

| 나는 젊었을 때 행복했어요. | | (우리말 순서) |
|---|---|---|
| 나는 행복했어요 | 젊었을 때 | (영어 순서) |
| I was happy | when young. | (영어 순서) |

## STEP I  영순 - 기본문형 이해하기

▶ 모든 문장에는 그 내용을 나타내는 시점이 있습니다. 그 시점을 우리는 시제라고 합니다. 이 시제는 13가지가 있는데 그 중 기본시제가 3가지 있습니다. 즉-**현재, 과거, 미래**! 이 시제를 나타내는 곳이 바로 **동사**입니다.

▶ 지금까지 배운 동사는 be동사 였습니다. 그 be동사도 현재인지 과거인지 반드시 시제를 나타내야 합니다.

▶▶ be동사의 현재형은 am, are, is입니다. 과거형 문장은 be동사를 아래표처럼 과거형으로 바꾸면 되죠.

| be동사 | 현재형 | 과거형 |
|---|---|---|
| | am | was |
| | are | were |
| | is | was |

**영순 1**

1. 나는 행복**하다**.
   I am happy.(=I'm)    (현재형)
   ⇩
2. 나는 행복**했다**.
   I was happy.    (과거형)

**영순 2**

1. | 당신은 **이다** | 선생님 |
   |---|---|
   | You are (=You're) | a teacher. | (현재형)

   ⇩

2. | 당신은 **이었다** | 선생님 |
   |---|---|
   | You **were** | a teacher. | (과거형)

**영순 3**

1. | 그는 **있다** | 중국에 |
   |---|---|
   | He is (=He's) | in China. | (현재형)

   ⇩

2. | 그는 **있었다** | 중국에 |
   |---|---|
   | He **was** | in China. | (과거형)

**영순 4**

1. | 매우 춥다 | 오늘 |
   |---|---|
   | It is very cold (=It's) | today. | (현재형)

   ⇩

2. | 매우 추웠다 | 어제 |
   |---|---|
   | It **was** very cold | yesterday. | (과거형)

▶▶ 과거형 동사의 문장에는 **과거시간(과거부사)**의 표현이 문장 뒤에 자주 붙습니다.

1. | 나는 있었다 | 중국에 | 작년에 |
   |---|---|---|
   | I **was** | in China | **last year**. |

2. | 나는 피곤했다 | 어제 |
   |---|---|
   | I **was** tired | **yesterday**. |

3. | 너는 이었다 | 나의 친한 친구 | 어렸을 때 |
   |---|---|---|
   | You **were** | my good friend | **when young**. |

4. | 그녀는 날씬했다 | 10년 전에 |
   |---|---|
   | She **was** thin | **ten years ago**. |

5. | 영어가 어려웠다 | 나에겐 | 중학교 시절에 |
   | English **was** difficult | for me | in my middle school days. |

6. | 우리 한국 사람들은 매우 가난했다 | 50년 전에 |
   | We Koreans **were** very poor | fifty years ago. |

### 〈과거부사들의 예〉

| | |
|---|---|
| • yesterday (어제) | • the day before yesterday (그저께) |
| • yesterday morning (어제 아침에) | • last week (지난주) |
| • this morning (오늘 아침에) | • last year (작년) |
| • last night (어젯밤) | • last Sunday (지난 일요일에) |
| • last month (지난달) | • three days ago (3일 전에) |
| • last spring (지난봄에) | • two weeks ago (2주 전에) |
| • two hours ago (2시간 전에) | • when young (젊었을 때) |
| • ten years ago (10년 전에) | • long time ago (오래전에, 옛날에) |
| • in my schooldays (학창시절에) | • a few minutes ago (조금 전에, 아까) |
| • in my middle school days (나의 중학교 시절에) | • in the past (과거에) |
| • at that time (그 때에, 그 당시에) | |

※ 과거동사와 과거부사는 같이 쓰입니다.

 **STEP Ⅱ** 영순 - 기본 문형 정리하기

| 현재형 be동사 | 과거형 be동사 |
|---|---|
| I am ~. | I was ~. |
| We are ~. | We were ~. |
| You are ~. | You were ~. |
| He is ~. | He was ~. |
| She is ~. | She was ~. |
| It is ~. | It was ~. |
| They are ~. | They were ~. |

## STEP III 우리말 - 영순감각으로 익히기

⇨1. 아래의 영순을 막고 왼쪽 우리말 순서를 오른쪽 영순처럼 말해보세요. (3회)
⇨2. 왼쪽 우리말 순서를 막고, 영순을 말하면서 영순의 감각을 익혀보세요. (3회)

| 우리말 순서 | 영순 |
|---|---|
| 1. 젊었을 때 당신은 선생님이었다. | 1. 당신은 이였다 영어선생님 젊었을 때 |
| 2. 작년에 그는 중국에 있었다. | 2. 그는 있었다 중국에 작년에 |
| 3. 어제 매우 추웠다. | 3. 매우 추웠다 어제 |
| 4. 어제 나는 매우 피곤했다. | 4. 나는 피곤했다 어제 |
| 5. 너는 젊었을 때 나의 친한 친구였다. | 5. 너는 이였다 나의 친한 친구 젊었을 때 |
| 6. 10년 전에 그녀는 날씬했다. | 6. 그녀는 날씬했다 10년 전에 |
| 7. 중학교 시절에 난 영어가 어려웠다. | 7. 영어가 어려웠다 나에겐 중학교 시절에 |
| 8. 50년 전에 우리한국인들은 매우 가난했다. | 8. 우리 한국인들은 매우 가난했다 50년 전에 |

## STEP IV 영순 - 기본문형 더 익히기

⇨1. 아래의 영어문장을 막고 우리말을 영어로 말해보세요.
⇨2. 아래의 우리말을 막고 영어를 왼쪽의 우리말 순서로 말해보세요.

1. 나는 행복하다
2. 나는 행복했어

1. I'm happy.
2. I was happy.

3. 너는 날씬하다
4. 너는 날씬했어

3. You're thin.
4. You were thin.

5. 그는 키가 크다
6. 그는 키가 컸어 어렸을 때

5. He's tall.
6. He was tall when young.

7. 그녀는 아름답다
8. 그녀는 아름다웠어 어렸을 때

7. She's beautiful.
8. She was beautiful when young.

9. 춥다 오늘
10. 추웠어 어제

9. It's cold today.
10. It was cold yesterday.

11. 우리는 배고프다 지금
12. 우리는 배가 고팠어 그 때

11. We're hungry now.
12. We were hungry at that time.

13. 그들은 뚱뚱하다
14. 그들은 뚱뚱했어 작년에

13. They're heavy.
14. They were heavy last year.

15. 나는 이다 요리사 지금
16. 나는 이었다 요리사 2년 전에

15. I'm a cook now.
16. I was a cook two years ago.

17. 너는 이다 나의 친한 친구
18. 너는 이었다 나의 친한 친구 과거에

17. You're my good friend.
18. You were my good friend in the past.

19. 그는 이다 의사
20. 그는 이었다 10년 전에

19. He's a doctor.
20. He was a doctor ten years ago.

21. 그녀는 이다 간호사 지금
22. 그녀는 이었다 간호사 젊었을 때

21. She's a nurse now.
22. She was a nurse when young.

23. 그것은 이다 너의 자전거
24. 그것은 이었다 너의 자전거

23. It's your bicycle.
24. It was your bicycle.

25. 우리는 이다 그의 선생님

25. We're his teachers.

26. 우리는 이었다 그의 선생님
27. 그들은 이다 나의 친구들
28. 그들은 이었다 나의 친구들
    학창시절에

26. We were his teachers.
27. They're my friends.
28. They were my friends in
    my schooldays.

29. 나는 있다 학교에 지금
30. 나는 있었다 학교에 어제 오후에

29. I'm at school now.
30. I was at school yesterday afternoon.

31. 그는 있다 교회에 지금
32. 그는 있었다 교회에 지난 일요일에

31. He's at church now.
32. He was at church last Sunday.

33. 그녀는 있다 집에 지금
34. 그녀는 있었다 집에 30분 전에

33. She's at home now.
34. She was at home thirty minutes ago.

35. 우리는 있었다 회사에 두 시간 전에
36. 그들은 있었다 회사에 어제 아침에

35. We were at work two hours ago.
36. They were at work yesterday morning.

37. 영어는 재미있다
38. 영어는 재미있었다 중학시절에

37. English is interesting.
38. English was interesting
    in my middle schooldays.

39. 우리 한국사람은 가난했다
    50년 전에
40. 싸이는 유명했다 세계적으로
    작년에

39. We Koreans were poor
    fifty years ago.
40. Psy was famous all over
    the world last year.

# CHAPTER THIRTY - SIX
# 36

## |기본 어휘 (VOCABULARY) 챙기기|

wasn't [wáznt]     was not의 줄임말
weren't [wəːrnt]     were not의 줄임말
diligent [dílidʒənt]     부지런한
healthy [hélθi]     건강한
hairdresser [héədresər]     미용사
famous [féiməs]     유명한
figure skater [fígjəskéitər]     피겨스케이트선수
skier [skiər]     스키선수
cooking [kúkiŋ]     요리
million [míljən]     백만
generation [dʒenəréiʃən]     세대, 시대
good at~     ~에 능숙한
poor at~     ~에 서툰
in the country     시골에

먼저, 이 단원의 핵심내용인 다음의 사항을 참고해 보세요.
- 아래의 우리말을 영어로 말하거나 쓸 수 있나요?

**1. 난 어렸을때 행복하지 않았어.**

**2. 너는 어렸을 때 나의 친한 친구가 아니었어.**

**3. 지난 일요일에 매우 춥지 않았어.**

▶ 위의 세가지 우리말을 영어로 말하거나 쓸 수 있다면 다음 단원으로 넘어가도 좋습니다.
▶ 만약, 그렇지 못하면 다음 페이지로 넘어가 더 자세한 내용을 익혀야 합니다.

# CHAPTER THIRTY-SIX (36)

| 나는 지난 일요일에 교회에 있지 않았어. | | | (우리말 순서) |
|---|---|---|---|
| 나는 있지 않아 | 교회에 | 지난 일요일에 | (영어 순서) |
| I wasn't | at church | last Sunday | (영어 순서) |

## STEP I  영순 - 기본문형 이해하기

▶ 과거에 일어난 일을 나타내는 문장은 be동사의 과거형(was, were)을 사용합니다.

▶▶ 그 과거형 문장을 부정하려면 **과거형 be동사(was, were)뒤에 not**를 붙입니다.

| 긍정 | 부정 | 부정줄임말 |
|---|---|---|
| was | was not | = wasn't |
| were | were not | = weren't |

 영순 1

1. ①

| 나는 행복했어 | 어렸을 때 | |
|---|---|---|
| I was happy | when young. | (긍정문) |

⇩

② 

| 나는 행복하지 않았어 | 어렸을 때 | |
|---|---|---|
| I **wasn't** happy | when young. | (부정문) |

2. ① | 너는 이었어 | 나의 친한 친구 | (긍정문)
   | You were | my close friend. |

   ⇩

   ② | 너는 아니었어 | 나의 친한 친구 | (부정문)
   | You **weren't** | my close friend. |

3. ① | 그는 있었어 | 중국에 | (긍정문)
   | He was | in China. |

   ⇩

   ② | 그는 있지 않았어 | 중국에 | (부정문)
   | He **wasn't** | in China. |

4. ① | 매우 더웠어 | 지난 여름에 | (긍정문)
   | It was very hot | last summer. |

   ⇩

   ② | 매우 덥지 않았어 | 지난 여름에 | (부정문)
   | It **wasn't** very hot | last summer. |

5. ① | 영어가 쉬웠어 | 나에겐 | (긍정문)
   | English was easy | for me. |

   ⇩

   ② | 영어가 쉽지 않았어 | 나에겐 | (부정문)
   | English **wasn't** easy | for me. |

6. ① 

| 우리는 부지런했지 | 그 때에 | |
|---|---|---|
| We were diligent | at that time. | (긍정문) |

⇩

② 

| 우리는 부지런하지 않았어 | 그 때에 | |
|---|---|---|
| We **weren't** diligent | at that time. | (부정문) |

7. ① 

| 그들은 건강했어 | 작년에 | |
|---|---|---|
| They were healthy | last year. | (긍정문) |

⇩

② 

| 그들은 건강하지 않았어 | 작년에 | |
|---|---|---|
| They **weren't** healthy | last year. | (부정문) |

## STEP II  영순 - 기본 문형 정리하기

| 긍정문 | 부정문 |
|---|---|
| I was ~. | I wasn't ~. |
| You were ~. | You weren't ~. |
| He was ~. | He wasn't ~. |
| She was ~. | She wasn't ~. |
| It was ~. | It wasn't ~. |
| We were ~. | We weren't ~. |
| They were ~. | They weren't ~. |

## STEP III  우리말 - 영순감각으로 익히기

⇨1. 아래의 영순을 막고 왼쪽 우리말 순서를 오른쪽 영순처럼 말해보세요. (3회)

⇨2. 왼쪽 우리말 순서를 막고, 영순을 말하면서 영순의 감각을 익혀보세요. (3회)

| 우리말 순서 | 영순 |
|---|---|
| 1. 어렸을 때 난 행복하지 않았어. | 1. 난 행복하지 않았어 어렸을 때 |
| 2. 그때 넌 나의 친한 친구가 아니었어. | 2. 넌 아니었어 나의 친한 친구가 그때 |
| 3. 작년에 그는 중국에 있지 않았어. | 3. 그는 있지 않았어 중국에 작년에 |
| 4. 지난 여름에 매우 덥지 않았어. | 4. 매우 덥지 않았어 지난 여름에 |
| 5. 그때 우리는 부지런하지 않았어. | 5. 우리는 부지런하지 않았어 그때 |
| 6. 작년에 그들은 건강하지 않았어. | 6. 그들은 건강하지 않았어 작년에 |

## STEP IV   영순 - 기본문형 더 익히기

⇨1. 아래의 영어문장을 막고 우리말을 영어로 말해 보세요.
⇨2. 아래의 우리말을 막고 영어를 왼쪽의 우리말 순서로 말해 보세요.

1. 나는 키가 컸어 어렸을 때
2. 나는 키가 크지 않았어 어렸을 때

1. I **was** tall when young.
2. I **wasn't** tall when young.

3. 너는 똑똑했어 어렸을 때
4. 너는 똑똑하지 않았어 어렸을 때

3. You **were** smart when young.
4. You **weren't** smart when young.

5. 그는 있었어 시골에 어렸을 때
6. 그는 있지 않았어 시골에 어렸을 때

5. He **was** in the country when young.
6. He **wasn't** in the country when young.

7. 그녀는 미용사였어 5년 전에
8. 그녀는 미용사가 아니었어 5년 전에

7. She **was** a hairdresser five years ago.
8. She **wasn't** a hairdresser five years ago.

9. 우리는 있었어 시골에 10년 전에
10. 우리는 있지 않았어 시골에 10년 전에

9. We **were** in the country ten years ago.
10. We **weren't** in the country ten years ago.

11. 그들은 이었어 나의 친한 친구들
12. 그들은 아니었어 나의 친한 친구들

13. Mr. Kim은 이었어 택시운전자 작년에
14. Mr. Kim은 아니었어 택시운전자 작년에

15. 김연아는 이었어 훌륭한 피겨스케이팅선수 그때
16. 김연아는 아니었어 훌륭한 스키선수 그때

17. 박대통령은 있었어 청와대에 그때
18. 박대통령은 있지 않았어 청와대에 그때

19. 오바마씨는 이었어 미국대통령 그때
20. 오바마씨는 아니었어 미국대통령 그때

21. 나의 부모님들이 있었어 여기에 조금 전에
22. 나의 부모님들이 있지 않았어 여기에 조금 전에

11. They **were** my close friends.
12. They **weren't** my close friends.

13. Mr. Kim **was** a taxi driver last year.
14. Mr. Kim **wasn't** a taxi driver last year.

15. Kim Yuna **was** a wonderful figure skater at that time.
16. Kim Yuna **wasn't** a wonderful skier at that time.

17. President Park **was** in Cheongwadae at that time.
18. President Park **wasn't** in Cheongwadae at that time.

19. Mr. Obama **was** President of the United States at that time.
20. Mr. Obama **wasn't** President of the United States at that time.

21. My parents **was** here a few minutes ago.
22. My parents **wasn't** here a few minutes ago.

23. 나의 형은 능숙했어 영어에 그때

24. 나의 형은 능숙하지 못했어 영어에 그때

25. Ms. Park은 서툴렀어 요리에 젊었을 때

26. Ms. Park은 서투르지 않았어 요리에 젊었을 때

27. 소녀시대는 유명했어 작년에

28. 소녀시대는 유명하지 않았어 10년 전에

29. 있었어 천만 명의 사람들이 서울에 10년 전에

30. 있지 않았어 천만 명의 사람들이 서울에 50년 전에

23. My brother **was** good at English at that time.

24. My brother **wasn't** good at English at that time.

25. Ms. Park **was** poor at cooking when young.

26. Ms. Park **wasn't** poor at cooking when young.

27. The Girls' Generation **was** famous last year.

28. The Girls' Generation **wasn't** famous ten years ago.

29. There **were** ten million people in Seoul ten years ago.

30. There **weren't** ten million people in Seoul fifty years ago.

# CHAPTER THIRTY - SEVEN
# 37

|기본 어휘 (VOCABULARY) 챙기기|

at [æt]     ~에
home [houm]     집, 가정
past [pæst]     과거, 지난
healthy [hélθi]     건강한
winter [wíntər]     겨울

먼저, 이 단원의 핵심내용인 다음의 사항을 참고해 보세요.
– 아래의 우리말을 영어로 말하거나 쓸 수 있나요?

**1. 당신은 어제 집에 있었나요?**　_____

　– 네, 있었습니다.　_____

　– 아니, 없었어요.　_____

**2. 거기 호주는 지난 겨울에 추웠나요?**　_____

　– 네, 추웠습니다.　_____

　– 아니, 춥지 않았어요.　_____

**3. 싸이가 작년에 유명했나요?**　_____

　– 네, 그렇습니다.　_____

　– 아니요, 그렇지 않습니다.　_____

▶ 위의 세가지 우리말을 영어로 말하거나 쓸 수 있다면 다음 단원으로 넘어가도 좋습니다.

▶ 만약, 그렇지 못하면 다음 페이지로 넘어가 더 자세한 내용을 익혀야 합니다.

# CHAPTER THIRTY-SEVEN (37)

| 너는 젊었을 때 행복했니? | | (우리말 순서) |
|---|---|---|
| 너는 행복했니 | 젊었을 때 | (영어 순서) |
| Were you happy | When young? | (영어 순서) |

## STEP I 영순 - 기본문형 이해하기

▶ 과거의 문장을 표현할 때는 동사를 과거형으로 써야합니다. 그래서 앞 과에서 be동사의 과거형(was, were)을 이용하여 긍정문과 부정문표현을 배웠습니다.

▶▶ 오늘 공부는 be동사의 과거형(was, were)을 이용한 의문문과 그 대답 표현법을 공부합니다. 먼저, be동사가 현재형(am, are, is)이든 과거형 (was, were)이든 물어보는 의문문은 **be동사를 주어 앞에 쓰고 문장 끝을 올려읽**으면 됩니다.

### 영순 1

1.  | 당신은 행복했다 | 젊었을 때 | (긍정문) |
    |---|---|---|
    | You were happy | when young. | |

    ⇩

2.  | 당신은 행복했나요 | 젊었을 때? | (의문문) |
    |---|---|---|
    | Were you happy | when young?↗ | |

    | | 네, | 그러했습니다. |
    |---|---|---|
    | — | Yes, | I was. |

    | | 아니요, | 그렇지 않았습니다. |
    |---|---|---|
    | — | No, | I wasn't |

**영순 2**

1. 그는 있었다 집에    어제
   He was at home    yesterday.

   ⇩

2. 그는 있었나요 집에    어제?
   **Was he** at home    yesterday? ↗

   — 네,    그는 있었어요.
     Yes,    he was.

   — 아니요,    그는 있지 않았어요.
     No,    he wasn't.

**영순 3**

1. ① 그들은 배가 고팠다    그 때에
   They were hungry    at that time.

   ⇩

   ② 그들은 배가 고팠나요    그 때에?
   **Were they** hungry    at that time? ↗

   — 네,    그랬어요.
     Yes,    they were.

   — 아니요,    그렇지 않았어요.
     No,    they weren't.

2. ① 당신의 부모님은 건강하셨다    작년에
   Your parents were healthy    last year.

   ⇩

   ② 당신의 부모님은 건강하셨나요    작년에?
   **Were your parent** healthy    last year?

| 네, | 그 분들은 건강하셨어요. |
|---|---|
| Yes, | they were. |

| 아니요, | 그렇지 못했어요. |
|---|---|
| No, | they weren't. |

3. ① 

| 더웠다 | 지난 일요일에 |
|---|---|
| It was hot | last Sunday. |

⇩

② 

| 더웠나요 | 지난 일요일에? |
|---|---|
| **Was it** hot | last Sunday? |

| 네, | 더웠어요. |
|---|---|
| Yes, | it was. |

| 아니요, | 덥지 않았어요. |
|---|---|
| No, | it wasn't. |

4. ① 

| 박대통령은 있었다 청와대에 | 과거에 |
|---|---|
| President Park was in Cheongwadae | in the past. |

⇩

② 

| 박대통령은 있었나요 청와대에 | 과거에? |
|---|---|
| **Was president Park** in Cheongwadae | in the past? |

| 네, | 있었어요. |
|---|---|
| Yes, | she was. |

| 아니요, | 있지 않았어요. |
|---|---|
| No, | she wasn't. |

5. ① 

| 매우 추웠습니다 | 여기 한국은 | 지난 겨울에 |
|---|---|---|
| It was very cold | here in Korea | last winter. |

⇩

② 

| 매우 추웠나요 | 거기 한국은 | 지난 겨울에? |
|---|---|---|
| **Was it** very cold | there in Korea | last winter? |

| — | 네, | 추웠어요. |
|---|---|---|
|  | Yes, | it was. |

| — | 아니요, | 그렇지 않았어요. |
|---|---|---|
|  | No, | it wasn't. |

6. ① 

| 당신의 자녀들은 똑똑했다 | 어렸을 때 |
|---|---|
| Your children were smart | when young. |

⇩

② 

| 당신의 자녀들은 똑똑했나요 | 어렸을 때? |
|---|---|
| **Were your children** smart | when young? |

| — | 네, | 그랬어요. |
|---|---|---|
|  | Yes, | they were. |

| — | 아니요, | 그렇지 않았어요. |
|---|---|---|
|  | No, | they weren't. |

7. ① 

| 싸이는 유명했다 | 3년 전에 |
|---|---|
| Psy was famous | three years ago. |

⇩

② 

| 싸이는 유명했나요 | 3년 전에? |
|---|---|
| **Was Psy** famous | three years ago? |

| — | 네, | 그랬어요. |
|---|---|---|
|  | Yes, | he was. |

| — | 아니요, | 그렇지 않았어요. |
|---|---|---|
|  | No, | he wasn't. |

 **STEP II** 영순 – 기본 문형 정리하기

| 의문문 | 대답 |
|---|---|
| Was I happy? | Yes, you were.<br>No, you weren't. |
| Were you happy? | Yes, I was.<br>No, I wasn't. |
| Was he happy? | Yes, he was.<br>No, he wasn't. |
| Was she happy? | Yes, she was.<br>Yes, she wasn't. |
| Was it happy? | Yes, it was.<br>No, it wasn't. |
| Were they happy? | Yes, they were.<br>No, they weren't. |

 **STEP III** 우리말 – 영순감각으로 익히기

⇨1. 아래의 영순을 막고 왼쪽 우리말 순서를 오른쪽 영순처럼 말해보세요. (3회)
⇨2. 왼쪽 우리말 순서를 막고, 영순을 말하면서 영순의 감각을 익혀보세요. (3회)

| 우리말 순서 | 영순 |
|---|---|
| 1. 젊었을 때 너는 행복했니?<br>– 네, 그러했습니다.<br>– 아니요, 그렇지 않았어요. | 1. 너는 행복했니 젊었을 때?<br>– 네, 나는 그랬어요.<br>– 아니요, 난 그렇지 않았어요. |
| 2. 어제 그는 집에 있었나요?<br>– 네, 있었어요.<br>– 아니요, 있지 않았어요. | 2. 있었나요 그는 집에 어제?<br>– 네, 그는 있었어요.<br>– 아니요, 그는 있지 않았어요. |
| 3. 당신의 부모님들은 작년에 건강하셨습니까?<br>– 네, 건강하셨어요.<br>– 아니요, 그렇지 않았어요. | 3. 당신의 부모는 건강하셨나요 작년에?<br>– 네, 그들은 건강하셨어요.<br>– 아니요, 그들은 그렇지 않았어요. |
| 4. 여기 한국은 지난겨울에 추웠나요?<br>– 네, 그랬어요.<br>– 아니요, 그렇지 않았어요. | 4. 추웠나요 여기 한국은 지난겨울에?<br>– 네, 그랬어요.<br>– 아니요, 그렇지 않았어요. |
| 5. 당신의 자녀들은 어렸을 때 똑똑했나요?<br>– 네, 똑똑했어요.<br>– 아니요, 그렇지 않았어요. | 5. 당신의 자녀들은 똑똑했나요 어렸을 때?<br>– 네, 그들은 그랬어요.<br>– 아니요, 그들은 그렇지 않았어요. |

## STEP IV  영순 - 기본문형 더 익히기

➡ 1. 아래의 영어문장을 막고 우리말을 영어로 말해보세요.
➡ 2. 아래의 우리말을 막고 영어를 왼쪽의 우리말 순서로 말해보세요.

1. 당신은 행복했다 젊었을 때
2. 당신은 행복했나요 젊었을 때?
   - 네, 그랬어요.
   - 아니요, 그렇지 않았어요.

1. You were happy when young.
2. Were you happy when young?
   - Yes, I was.
   - No, I wasn't.

3. 그는 있었다 집에 어제
4. 그는 있었나요 집에 어제?
   - 네, 있었어요.
   - 아니요, 있지 않았어요.

3. He was at home yesterday.
4. Was he at home yesterday?
   - Yes, he was.
   - No, he wasn't.

5. 그들은 배가 고팠다 그때에
6. 그들은 배가 고팠나요 그때에?
   - 네, 그랬어요.
   - 아니요, 그렇지 않았어요.

5. They were hungry at that time.
6. Were they hungry at that time?
   - Yes, they were.
   - No, they weren't.

7. 당신의 부모님은 건강하셨다 작년에
8. 당신의 부모님은 건강하셨나요 작년에?
   - 네, 건강하셨어요.
   - 아니요, 그렇지 못하셨어요.

7. Your parents were healthy last year.
8. Were your parents healthy last year?
   - Yes, they were.
   - No, they weren't.

9. 더웠다 지난 일요일에

9. It was hot last Sunday.

10. 더웠나요 지난 일요일에?
 - 네, 더웠어요.
 - 아니요, 그렇지 않았어요.

11. 박대통령은 있었다 청와대에 과거에
12. 박대통령은 있었나요 청와대에 과거에?
 - 네, 있었어요.
 - 아니요, 있지 않았어요.

13. 매우 추웠어요 여기 한국은 지난겨울에
14. 매우 추웠나요 여기 한국은 지난겨울에?
 - 네, 매우 추웠어요.
 - 아니요, 그렇지 않았어요.

15. 당신의 자녀들은 똑똑했다 어렸을 때
16. 당신의 자녀들은 똑똑했나요 어렸을 때?
 - 네, 그랬어요.
 - 아니요, 그렇지 않았어요.

17. 한국 사람들은 가난했다 과거에

10. Was it hot last Sunday?
 - Yes, it was.
 - No, it wasn't.

11. President Park was in Cheongwadae in the past.
12. Was President Park in Cheongwadae in the past?
 - Yes, she was.
 - No, she wasn't.

13. It was very cold here in Korea last winter.
14. Was it very cold here in Korea last winter?
 - Yes, it was.
 - No, it wasn't.

15. Your children were smart when young.
16. Were your children smart when young?
 - Yes, they were.
 - No, they weren't.

17. Koreans were poor in the past.

18. 한국 사람들은 가난했나요 과거에?
 - 네, 그랬어요.
 - 아니요, 그렇지 않았어요.

19. 싸이는 유명했다 세계적으로 3년 전에

20. 싸이는 유명했나요 세계적으로 3년 전에?
 - 네, 그랬어요.
 - 아니요, 그렇지 않았어요.

18. Were Koreans poor in the past?
 - Yes, they were.
 - No, they weren't.

19. Psy was famous around the world three years ago.

20. Was Psy famous around the world three years ago?
 - Yes, he was.
 - No, he wasn't.

## Be동사와 함께 간단 회화  마디 (19)

### 무슨 뜻일까요?
(먼저 생각해 보고 아래 우리말 뜻을 확인해 보세요)

1. This is all for today. _____
2. This is a news to me. _____
3. This is a piece of cake. _____

▶ 위의 각 문장의 주어를 여러가지로 바꾸어 말해 보세요.
▶ 위의 각 문장을 부정문이나 의문문으로 바꾸어 말해 보세요.

❶ 오늘은 여기까지 하겠습니다.
❷ 이건 저에게는 금시초문이군.
❸ 이건 누워서 떡 먹기야.

## 맺음말

「STEP BY STEP 영순아 놀자」(Be동사와 함께)편을 끝내신 당신에게 커다란 박수를 드립니다.

이 책을 끝내신 당신은 대단한 인내심과 줄기찬 근성이 있어 앞으로 영어의 대 발전이 있으리라 확신합니다.

그러나 책을 끝냈다라는 사실만으로는 안됩니다. 다시 이 책의 중요한, 힘들었던, 미진한 부분들을 또다시 보충하고 반복하여 복습하시기 바랍니다.

어학 공부는 I,Q싸움이 아니라 근성 싸움이므로 반복과 되풀이가 제일 좋은 방법이라는 사실을 평생 공부해오면서 제가 느낀것이며 결론내리는 바입니다.

앞으로 계속 본격적인 영어를 공부하려면 지금까지 공부한 (Be 동사와 함께)편이 가장 근원적인 밑거름의 역할을 하게 되므로 정말 잘 끝내셨습니다.

다음편은 (일반동사, 조동사, 기본시제와 함께)편입니다.

온몸의 모든 부위가 다 중요하지만 특히 제일 중요한 부위는 "눈"이라고 생각합니다. 그래서 몸이 천냥이면 눈이 900냥이라는 말이 있듯이 영어에도 모든 부문이 중요하지만 특히 동사가 제일 핵심부위입니다.

우리 한국 학생들을 지도해 보면 동사를 제대로 이해하고 있지 않음을 늘 느낍니다.

영어공부란 네가지 기능 - 즉 <u>말하고</u>, <u>읽고</u>, <u>듣고</u>, <u>쓰는것</u> 인데 그렇게 함에 있어 유독 동사부분이 취약하여 잘 틀리고 막혀버립니다. 그래서 저는 중학생, 고교생이나 대학생들이 공부하는 어려운 동사의 부분보다 동사의 기본 요소를 전달함에 우위를 두고 있으며 (Be 동사와 함께)편에 이어 그 다음 동사편(일반동사, 조동사, 기본시제)편을 발간하게 됩니다.

이 동사를 제대로 이해하여 활용하지 못하면 도대체 영어라는 집을 지울 수 없다는 사실입니다.

동사에 중점을 두면서 문장을 이루는 핵심사항들(주어, 보어, 목적어, 부사 등)을 동시에 이해시켜 결국 온전하고 모양 좋은 예쁜 영어 문장을 구사하도록 함에 목적을 두고 이 시리즈가 탄생되었습니다.
　이 두 편의 「영순」 시리즈를 마스터하면 본격적인 독해와 회화공부를 재미있게 할 수 있습니다.

　영어를 몰라도 그럭저럭 이 세상을 살아갈 수 있지만 아는것 만큼 더 보이고, 들리고, 말하고, 쓸 수 있어 살아가는 의미와 즐거움이 더 배가 된다는 사실을 염두에 두어 이 기회를 놓치지 말고 소기의 목적을 달성하시기 바라면서 다음 역작(일반동사와 함께)편을 기대해 주시기 바랍니다.
　감사합니다.

저자 올림

# 영순아 놀자

**지은이** 이병각
**펴낸이** 허복만
**펴낸곳** 야스미디어

2014년 10월 1일 1판 1쇄발행
**책 임 편 집** 한홍신
**표지디자인** 한홍신

등록번호    제10-2569호
등록주소    서울 마포구 망원 1동 415-53 [3층]
전화    02-3143-6651
팩스    02-3143-6652
홈페이지 http://www.yasmedia.co.kr

ISBN 978-89-91105-66-9 13700
정가 13,000원

출판사와 저자의 허락 없이 책의 일부 또는 전부를
무단복제. 전재. 발췌할 수 없습니다.